Bernhard Stein

H0-Modellbahnanlagen

Bernhard Stein

H0-Modellbahn-anlagen

Planung, Bau und Fahrbetrieb

Bechtermünz Verlag

Inhalt

Genehmigte Lizenzausgabe für
Weltbild Verlag GmbH, Augsburg 1999

Fotografie: Bernhard Stein
Umschlaggestaltung: Peter Engel, Grünwald
Gesamtherstellung: Appl, Wemding
Printed in Germany
ISBN 3-8289-2329-1

Persönliche Vorbemerkung

Eigentlich hatte ich schon daran gedacht, den Anlagenbau aufzugeben. Nach einem arbeitsreichen Leben und dem vollendeten zweiundsechzigsten Lebensjahr schien es mir erstrebenswerter, mich einfacheren, weniger aufregenden Dingen zuzuwenden. Doch kaum hatte ich meine letzte Anlage abgeliefert, erhielt ich Besuch von einem jungen, dynamischen Unternehmensberater, der mich um ein Angebot für eine 30 Meter lange Modelleisenbahn-Anlage bat. Die Anlage sollte Mittelpunkt in einem Modellbahnzentrum sein, das im Industriegebiet des niederbayerischen Städtchens Pfarrkirchen geplant war.

Zunächst hielt ich das Ganze für eine verrückte Idee weit abseits der Realität. Nur zu oft kamen solche Anfragen von weltfremden Idealisten, deren Träume spätestens dann wie Seifenblasen zerplatzten, wenn ich sie über den finanziellen Aufwand ihres Vorhabens informierte. Mein Besucher zeigte sich jedoch wenig beeindruckt, als ich ihm einen Kostenrahmen nannte. Und seine Idee, über eine solche Begegnungsstätte für Modelleisenbahnfreunde auch den Fremdenverkehr in dem etwas abseits der Hauptverkehrslinien gelegenen Rottal zu beleben, machte mich zumindest neugierig. So nahm ich seine Einladung nach Pfarrkirchen an, um mich vor Ort von der Ernsthaftigkeit seiner Pläne zu überzeugen.

Im Industriegebiet von Pfarrkirchen fand ich bei meinem ersten Besuch allerdings nur eine große Wiese vor. Einige eingerammte Holzpfähle waren die einzigen Hinweise auf die bevorstehende Bebauung. Mehr erfuhr ich dann aus den Bauplänen: Inmitten eines riesigen Gebäudekomplexes war für das geplante Modellbahnzentrum eine Grundfläche von 600 m² ausgewiesen. Kernstück darin sollte die von mir zu erstellende Modelleisenbahnanlage sein. Nach den Vorstellungen der Initiatoren war außerdem beabsichtigt, daneben in ständigem Wechsel eine Reihe kleinerer Anlagen sowie Fahrzeugmodelle des internationalen Marktes auszustellen, um der Einrichtung zusätzliche Aktualität zu verleihen. Darüber hinaus sollten in den Räumen auch Sonderveranstaltungen der Industrie wie Vorträge, Modellbauseminare und Schulungen stattfinden.

Lange präsentierte sich die Anlage täglich einer großen Besucherzahl. Selbst mich als Erbauer faszinierte die großzügig gestaltete Landschaft immer wieder aufs Neue, erinnerten mich doch die langen, in eleganten Bogen auf den Gleisen entlangschnürenden Züge an den Ausblick aus dem Cockpit, wie ich ihn viele Jahre lang als Berufsflieger erlebt hatte. Wenn ich jedoch die Menschen beobachtete, die sich an meinem Werk erfreuten, empfand ich vor allem Dankbarkeit gegenüber denen, die mir immer wieder Mut machten und meine Arbeit unterstützten. Ohne sie hätte dieses Vorhaben nie Wirklichkeit werden können.

Bernhard Stein

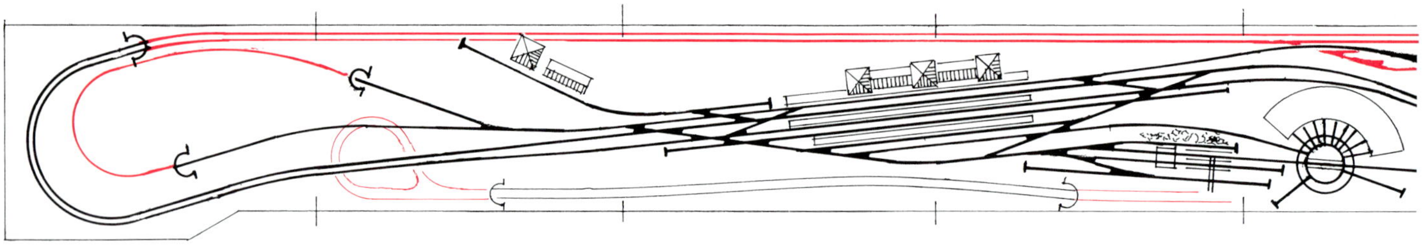

Vorbereitung

Entwurf

Nach den Bauplänen für das Modellbahnzentrum Pfarrkirchen schienen sowohl die Lage innerhalb des Bauwerkes als auch das Flächenangebot für das Vorhaben wie geschaffen, zumal die Raumaufteilung weitgehend variabel gestaltet werden konnte. Allerdings war es zunächst schwierig, für die 30-Meter-Anlage eine geeignete Stellfläche auszumachen, da im Plan für nahezu alle in Frage kommenden Wände Fensterreihen vorgesehen waren. Direkt in die Ausstellungsräume einflutendes Sonnenlicht galt es aber unter allen Umständen zu vermeiden; es ist nicht nur schädlich für die Schaustücke, sondern führt zu äußerst ungünstigen Beleuchtungsverhältnissen. Eine ununterbrochene Wandfläche war außerdem zwingend, um den für die natürliche Farbwirkung erforderlichen Horizont im Hintergrund darstellen zu können. Erst als der Architekt sich bereit erklärte, anstelle der Fensterfronten lediglich schmale Oberlichter in einer Höhe von 1,80 m über dem Fußboden einzuplanen, fand sich ein geeigneter Standort für die Großanlage.

Meinen Auftraggebern schlug ich als Grundriß für die Anlage die L-Form vor, wobei die Längen der Schenkel 25 und 5 m betragen sollten bei einer Tiefe von 1,50 bzw. 1,70 m. Die gewählten Tiefenmaße machen es möglich, daß die Anlage für die anfallenden Reinigungs- und Wartungsarbeiten von allen Seiten zugänglich ist, gleichzeitig aber auch genügend Spielraum für die topografische Gestaltung blieb. Aufgrund ihrer Abmessungen konnte die Anlage nicht an einem Stück gebaut werden. Nicht zuletzt auch im Hinblick auf den LKW-Transport war das Diorama in mehrere Segmente zu unterteilen. Günstig erschien eine Unterteilung in elf Abschnitte mit Längen zwischen 2,50 und 2,70 m.

Auf dieser Grundlage entstand mein Entwurf, der Überschaubarkeit wegen im Maßstab 1 : 30 gezeichnet (siehe Abbildung oben). Da mit dem Auftrag keinerlei Vorgaben für die Gestaltung verbunden waren, konnte ich das Thema, den Landschaftscharakter und die zeitgeschichtliche Epoche nach eigenem Ermessen festlegen. So wählte ich eine Mittelgebirgslandschaft, die es ermöglichte, einerseits ein noch relativ konzentriertes Streckennetz mit weiten Radien, andererseits aber auch interessante Gebirgsstrukturen mit einzuplanen.

In bezug auf Architektur und Streckengestaltung entschied ich mich für die Epoche 3, wie sie von der Fachpresse für den eisenbahnhistorischen Abschnitt von 1945 bis zum Ende der Dampflok-Ära (etwa 1975) festgelegt wurde.

Nach dem Vorbild dieser Epoche kann auch der Dampfbetrieb neben dem Elektro- und Dieselbetrieb innerhalb eines Streckennetzes einigermaßen historisch getreu demonstriert werden. Im Hinblick auf die Architektur und Streckengestaltung habe ich mich auch weitgehend an dieses zeitgeschichtliche Vorbild gehalten. Ich finde aber, man sollte es beim Anlagenbetrieb selbst nicht so ernst nehmen. Die schon fast realistisch weiten Strecken dieser Großanlage mit den ungewöhnlich großen Radien lassen sich auch dazu nutzen, den modernen ICE vorzuführen oder im anderen Extrem einen der legendären Luxuszüge früherer Epochen wie den »Rheingold« oder den »Orient-Express«.

Als Anlagenthema wurde ein sechsgleisiger Hauptbahnhof festgelegt, der als Durchgangsbahnhof einer doppelgleisigen Hauptstrecke und einer eingleisigen Nebenstrecke konzipiert wurde. Dem Hauptbahnhof ist ein historisch getreu angelegtes Dampfbetriebswerk mit den dazugehörenden Behandlungs- und Versorgungsgleisen, einer Drehscheibe, einem neunständigen Lokomotivschuppen und einem Heizwerk angegliedert.

Die doppelgleisige elektrifizierte Hauptstrecke durchmißt in eleganter Führung und mit realistisch weiten Gleisbogen den sichtbaren Bereich der mittleren Anlagenebene. Zwei fünfgleisige Speicherbahnhöfe (Schattenbahnhöfe) innerhalb des verdeckten Bereichs der unteren Ebene ermöglichen einen Verkehr mit ständig wechselnden Zuggarni-

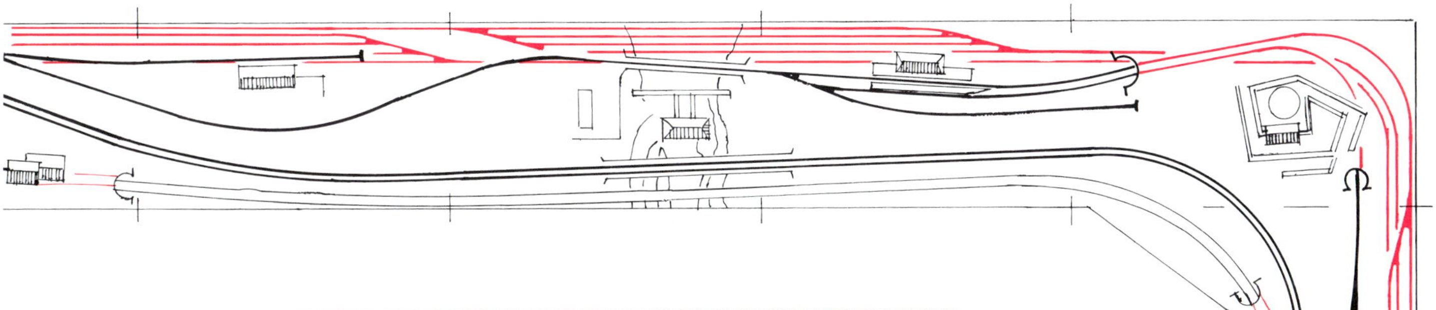

Zur obigen Skizze:
Sie stellt den ersten Gleisplanentwurf dar, wie er mit nur geringfügigen Änderungen als Vorgabe für die Computerzeichnung im Maßstab 1:10 benutzt wurde. Die verdeckt liegenden Streckenabschnitte sind rot dargestellt.

Abbildung links:
Bekohlungs- und Ausschlackanlage im Bahnbetriebswerk.

turen. Die verdeckt gelegenen Streckenabschnitte sind auf der Skizze rot dargestellt.

Sowohl im Hauptbahnhof als auch in den unterirdischen Speicherbahnhöfen sind die Nutzlängen der Hauptgleise mit über vier Metern so bemessen, daß auf der doppelgleisigen Hauptstrecke realistisch lange Züge eingesetzt werden können. Im Hinblick auf einen solchen vorbildnahen Verkehr liegen alle Steigungen und Gefälle der geneigten Streckenabschnitte unter zwei Prozent. Bei Schauanlagen, die täglich im Betrieb sind, sollte man, um einen eleganten Zuglauf zu erreichen und die Triebfahrzeuge zu schonen, dieses Limit möglichst nicht überschreiten.

Die ins Gebirge führende Nebenstrecke teilt sich. Sie zieht nach links weg, um sich im Berg verdeckt wieder in Form einer Wendeschleife zu vereinigen. Nach rechts wegziehend steigt sie zunächst an, dann überquert sie einen Stausee und mündet in einen kleinen Landbahnhof. Dort teilt sie sich und wird allerdings nur scheinbar doppelgleisig, denn hinter dem Tunnel, den Blicken der Betrachter entzogen, trennen sich die beiden Stränge. Die vordere Trasse tritt unterhalb der Burg-

Abbildung unten:
Die Aufnahme zeigt einen Ausschnitt aus dem zweiten Segment.

Im Vordergrund sieht man die doppelgleisige Magistrale unmittelbar vor der Bahnhofseinfahrt. Dahinter teilt sich die links wegziehende Nebenstrecke. Im Hintergrund erkennt man das Ladegleis mit dem landwirtschaftlichen Lagerhaus. In der unteren Ebene tritt die zweispurige Straße aus der modernen Beton-Tunnelröhre. Etwa 10 cm dahinter mündet die Straße in die verdeckt gelegene Kehre. Dort sind zwei automatische Stoppstellen in der Fahrbahn installiert, die ein Auffahren der Fahrzeuge verhindern.

ruine wieder aus dem Berg und schnürt hoch am Hang über der Magistrale entlang. Hinter dem Steinbruch, zu dem ein Nebengleis abzweigt, umrundet sie die Felsnase, um danach abermals im Gebirge zu verschwinden. Dort mündet sie schließlich in einen dreigleisigen Speicherbahnhof, in dem sie sich mit dem entgegenkommenden Zweig der hinteren Trasse wieder vereinigt. Die auf diese Weise entstandene Wendeschleife ermöglicht in Verbindung mit dem unterirdischen Speicherbahnhof auch auf der Nebenstrecke einen interessanten Gegenverkehr mit ständig wechselnden Zuggarnituren.
Im vorderen unteren Drittel der Anlage wird die Hauptstrecke von einer zweispurig geführten Autostraße begleitet, auf der in Verbindung mit dem FALLER-Car-System realistischer Straßenverkehr stattfindet. Das Prinzip ist einfach: Die mit Akkus und Lenkmagneten ausgerüsteten Fahrzeuge folgen einem in der Trasse eingelassenen Leitdraht. Unter der Fahrbahn eingebaute, verkehrsabhängig gesteuerte Schaltmagnete verhindern das Auffahren der Fahrzeuge, die auf der Strecke unterwegs sind.

Bauplan der Anlage

Der im Maßstab 1 : 30 erarbeitete Entwurf wurde bei der Firma Modellplan in Göppingen mit dem Computer in einen geometrisch genau konstruierten Gleisplan im Maßstab 1 : 10 umgesetzt. Grundlagen der Konstruktion waren das MÄRKLIN-Wechselstromsystem und die insbesondere im Ausstellungsbetrieb gut bewährten Kunststoffgleise (K-Gleise) dieses Herstellers. Von großem Vorteil bei diesem Konstruktionsverfahren ist, daß der Computer den Gleisplan nicht nur auf der Basis der systembezogenen Gleisgeometrie exakt zeichnet, sondern gleichzeitig auch die Gleisteile den Produktnummern entsprechend kennzeichnet und die Stückliste erstellt.

Allerdings kann der Computer nicht alles. Einige Details, bei denen es auf hohe Maßgenauigkeit ankam, mußten erst auf dem Reißbrett im Maßstab 1 : 10 reingezeichnet werden, damit sie

korrekt in den Computer eingegeben werden konnten. Dies galt vor allem für die Bahnhofsbereiche. Beim Hauptbahnhof beispielsweise mußten die Parallelgleisabstände auf die erforderlichen Gleisverziehungen und auf die Maße der vorgesehenen Bahnsteiginseln abgestimmt werden. Und beim Planen des Dampfbetriebswerkes waren die Parallelgleisabstände zwischen den einzelnen Versorgungs- und Behandlungsstationen sowie die günstigsten Verbindungen zu den Drehscheibenanschlüssen durch Probeaufbauten zu ermitteln, bevor das Gleisbild in eine maßstäblich genaue Zeichnung umgesetzt werden konnte. Hier kam es nämlich besonders auf Genauigkeit an, denn im anderen Falle hätten spätere Korrekturen während der Verlegearbeit außer Kontrolle geraten und zur Improvisation zwingen können mit unschönen Ergebnissen, die höheren Ansprüchen kaum genügten. Die in die vorgegebenen Segmente unterteilten Computerausdrucke enthielten allerdings nur den exakt konstruierten Streckenführungsplan mit Gleisteilungen, Artikelnummern und Höhenangaben. Die Geländemerkmale und die Trasse der Autostraße mußten nachträglich eingezeichnet werden. Nachdem die auf Transparentpapier ausgedruckten Planteile in der richtigen Reihenfolge und den Gleisanschlüssen entsprechend aneinandergeklebt waren, lag ein brauchbarer Anlagenplan mit einer Gesamtlänge von 2,50 m vor, aus dem jedes wichtige Maß entnommen werden konnte; er bot darüber hinaus eine ausgezeichnete Orientierungshilfe über die gesamte Bauzeit hinweg.

Abbildung oben:
So entsteht im Plotter der im Computer bearbeitete Gleisplan im Maßstabsverhältnis 1:10.

Abbildung links:
Das mit dem Foto auf Seite 7 gezeigte Detail im Bahnbetriebswerk ist hier zur Kontrolle der Parallelgleisabstände probeweise aufgebaut.

Konstruktion des Rahmens

Wie bereits erwähnt, mußte die Anlage, in elf Segmente unterteilt, etappenweise hergestellt werden. Um die Anschlüsse von einem Element zum anderen möglichst nahtlos ausbilden zu können, waren, mit Teil eins von links beginnend, stets zwei Anlagenteile gleichzeitig in Arbeit. Komplett fertiggestellt wurde immer nur das linke, während das zweite, noch im Rohbau befindliche Element nur etwa eine gute Handbreit über die Trennfuge hinweg bearbeitet wurde. So war sichergestellt, daß sowohl die Schienenverbindungen als auch das Geländeprofil genau zusammenpaßten. Danach wurde das fertige linke Element abgeliefert, das übernächste Rahmenteil rechts angefügt und mit dem weiteren Aufbau in gleicher Weise verfahren.

Als tragendes Gerüst für die Anlagenkonstruktion diente die Spantenbauweise, ein vom Flugzeug- und Schiffsbau her bekanntes Konstruktionsprinzip, das die Gewähr für eine dauerhafte Formstabilität dieser Großanlage bot. Die Basis war ein durch ein Leistengitter verstärkter Vollholzrahmen. In Verbindung mit aufgeleimten Vertikalspanten, die sowohl die Trassenauflagen als auch das formgebende Gerippe der Geländetopografie bildeten, entstand eine weitgehend verzugssichere Unterkonstruktion.

Die Holzrahmen für die elf Segmente wurden in einer Bauschreinerei hergestellt. Die große Werkstatt dieses Betriebes reichte gerade aus, um den probeweise komplett zusammengebauten Anlagenrahmen aufzunehmen. Für die Rahmenkonstruktion wurde astfreies

Tropenholz in einer Stärke von 20 mm verwendet, das als besonders verwindungsstabil gilt und außerdem über Inhaltsstoffe verfügt, die Pilz- und Holzwurmbefall sicher verhindern.
Die Rahmenhöhe betrug 120 mm, die Höhe des Leistengitters 100 mm. Durch die oberkantenbündige Verleimung verblieb zwischen den Unterkanten des Außenrahmens und des Leistengitters ein Freiraum von 20 mm, in dem die Kabelkanäle untergebracht wurden konnten.
Beim Zusammenbau des Rahmens wurden alle Elemente rechtwinklig zusammengefügt. Eine ständige Kontrolle mit Hilfe eines großen Stahlwinkels war deshalb zwingend, weil in Anbetracht der vielen Elemente und der beachtlichen Schenkellängen schon geringe Abweichungen eine einheitliche Flucht an der Rahmenvorderkante hätten beeinträchtigen können.

Die Rastermaße des inneren Leistengitters liegen zwischen 300 und 320 mm. Da die trassentragenden Spanten auf die Quer- und Längsträger dieses Leistengitters aufgesetzt wurden, wären größere Abstände im Hinblick auf eine sichere Trassenauflage nicht mehr ausreichend gewesen.
Die durchgehenden Quer- und Längsträger des Leistengitters wurden an ihren Kreuzverbindungen überblattet

Abbildung Seite 10:
Die Aufnahme zeigt zwei miteinander verschraubte Anlagensegmente. Das hintere ist bereits fertiggestellt; das vordere befindet sich noch in der Rohbauphase.

Abbildung oben:
Ein Eckstück des aus weitgehend verzugssicherem Tropenholz gefertigten Anlagenrahmens.

Abbildung links:
Das Überblatten einer Längsleiste des inneren Leistengitters. Diese Art Kreuzverbindung gewährleistet hohe Verwindungsstabilität.

FRIGO
FRIGO

Reiter
HEIZEN · KÜHLEN · LAGERN
Reiter
HEIZEN · KÜHLEN · LAGERN

und mit Holzleim verleimt. Auch die anderen, verschraubten Rahmenverbindungen wurden zusätzlich verleimt. Da sich durch die beim Fahrbetrieb auftretenden Vibrationen Holzschrauben mit der Zeit lösen, sollte man grundsätzlich alle Holzverbindungen beim Anlagenbau, gleichgültig, ob sie genagelt, geklammert oder verschraubt werden, zusätzlich sorgfältig verleimen. Die Befestigung der Rahmenelemente untereinander erfolgte durch jeweils vier Maschinenschrauben.

Seine sichere Standfestigkeit erhielt der Rahmen durch Stahlrohrfüße aus 80 mm starkem Stahlrohr mit angeschweißtem Flansch. Befestigt wurden sie am Anlagenrahmen mit jeweils vier Schloßschrauben an einer Trägerplatte aus 20 mm starkem Sperrholz (Tischlerplatte), die ihrerseits an geeigneten Stellen unter das Leistengitter geschraubt wurde. Jeder Stahlrohrfuß hat am unteren Ende ein Gewinde für den Niveauausgleich und eine Lenkrolle mit Feststellbremse. Jedes Element erhielt vier solcher Stahlrohrfüße, die beiden äußeren Elemente sogar fünf. Diese Ausstattung ermöglichte es, alle Elemente am späteren Aufstellungsort vor dem Verschrauben zur Gesamtkonstruktion millimetergenau zusammenzuschieben und auf ein einheitliches Niveau auszurichten. Auf diese Weise konnte sicher verhindert werden, daß sich Unenbenheiten des Bodens in die Anlagenbasis übertrugen. Außerdem verteilte sich die Last des doch recht hohen Anlagengewichtes weitgehend gleichmäßig auf alle 46 Füße. Nicht zuletzt boten die vollgummibereiften Lenkrollen neben einer gewissen Mobilität der Gesamtanlage einen sehr wirksamen Schallschutz, da sie eine direkte Übertragung der Fahrgeräusche in den Baukörper verhindern.

Abbildung oben:
Montage eines mit Niveauausgleich und Lenkrollen ausgestatteten Stahlrohrfußes.

Abbildung Seite 15:
Die auf der Deckplatte aufgepausten Trassenteile. Im Hintergrund sieht man die aufgerollte Werkpause mit unterlegtem Kohlepapier.

Werkpause

Es versteht sich von selbst, daß an eine Schauanlage wie diese, die über viele Jahre hinweg täglich in Betrieb ist und einem breiten Publikum vorgeführt wird, deutlich höhere Ansprüche gestellt werden als an eine nur gelegentlich benutzte Heimanlage. Und dies gilt nicht nur für die Betriebssicherheit. Insbesondere wird der gleiche elegante Zuglauf gefordert, wie wir ihn vom großen Vorbild her kennen. Dies aber setzt schon beim Rohbau handwerklich solide Arbeit voraus, die alleine die Gewähr dafür bietet, daß die Gleisverlegung exakt nach Plan erfolgen kann. Bei Großanlagen, die in der Spantenbauweise errichtet werden, ist es nicht immer einfach, den im Maßstab 1:10 gezeichneten Gleisplan in der geforderten Genauigkeit auf das Objekt zu übertragen, da man insbesondere im fortgeschrittenen Baustadium kaum noch über geeignete Fixpunkte zum Einmessen verfügt. In solchen Fällen bietet einzig die in Originalgröße gezeichnete Werkpause die Möglichkeit, die im Gleisplan vorgegebenen Streckenführungen geometrisch exakt auf das Werkstück zu übertragen. Die Werkpause ist also im Prinzip nichts anderes als der im Maßstab 1:1 auf strapazierfähiges Packpapier übertragene Gleisplan. Bei der hier vorgestellten Anlage wurde noch in der Schreinerwerkstatt die gesamte Rahmenkonstruktion samt den Stahlrohrfüßen aufgebaut und mit den zum Zuschnitt der Trassen vorgesehenen Sperrholzplatten belegt. Auf diese Weise entstand ein Riesentisch, der flächendeckend und kantenbündig mit Packpapier abgedeckt wurde.

In die Werkpause werden, zunächst mit Bleistift, alle für die Gleisverlegung und für den Zuschnitt der Trassen erforderlichen Bezugslinien eingezeichnet. Um Verwechslungen vorzubeugen, zieht man später diese Linien ihrer Bedeutung entsprechend mit Filzstiften in verschiedenen Farben nach, beispielsweise die Bezugslinien für die Verlegung der Gleise in Schwarz, die Konturen für den Zuschnitt in Rot, Geländemerkmale in Grün. Somit dient die Werkpause nicht nur als Orientierungshilfe beim Anreißen der Vertikalspanten, sondern auch mit untergelegtem Kohlepapier als Pause beim Übertragen der Linien auf die zum Zuschnitt vorgesehenen Sperrholzplatten. Die aufgepausten Bezugs-

Metabo
Metabo: Qualität made in W. Germany

linien der Gleisgeometrie entsprechen den Längsachsen der Gleise. Die spätere Montage der Gleisteile erfolgt dann genau nach Plan, wenn sich die aufgepausten Linien durchgängig mit der Längsachse der Gleisteile decken, die beim K-System durch das Mittelleiterkontaktband gekennzeichnet ist. Für die Zeichenarbeit benötigt man einen weichen Bleistift, einen größeren Stahlwinkel, eine 2,50 m lange Alu-Setzlatte zum Zeichnen längerer Geraden, ein Flexlineal zum Einmessen der Höhenmarkierungen in den Gleisbogen, einen Stangenzirkel und einige Marker in verschiedenen Farben. Eine wichtige Hilfe kann ein für das MÄRKLIN-K-Gleissystem selbstgefertigter Radienzirkel sein. Ich habe meinen Zirkel aus einer geraden Leiste aus astfreiem Tropenholz (Apachi) hergestellt, die etwas länger war als der größte zu zeichnende Radius. Entlang der zuvor eingezeichneten Mittelachse wurden mehrere Löcher gebohrt, zunächst ein kleines am Leistenende zum Einleimen eines spitzen Nagels, der im Kreismittelpunkt eingestochen wird. Die anderen Bohrungen haben einen größeren Durchmesser, um einen Bleistift hindurchstecken zu können. Die jeweils vom Stahlstift auf die Lochmitten bezogenen Maße entsprechen den Radien des Gleissystems. Außerdem sind an den

Abbildung Seite 16:
Die auf die Bezugslinien ausgelegte Gleisverbindung. Der Parallelgleisabstand ist mit 100 mm vorgegeben, um eine Bahnsteiginsel einfügen zu können.

Abbildung oben:
Der selbstgefertigte MÄRKLIN-K-Radienzirkel zum Anreißen eines Gleisbogens.

Abbildung links:
Zeichnen eines Kreisbogens mit Hilfe eines verstellbaren Stangenzirkels, wie er beim Zeichenbedarfshandel in verschiedenen Längen bis zu 2 m erhältlich ist.

das Einhalten der Teilungsmaße der Gleisstücke in den Streckenabschnitten zwischen den Weichen geachtet werden. Dennoch können sich insbesondere beim Übertragen der Gleislängenmaße kleine Maßdifferenzen zu mehreren Millimetern addieren, was dann oft dazu führt, daß die Gleisverbindungen nicht exakt genug zusammenpassen. Um solchen Differenzen vorzubeugen, kann man zur Kontrolle die Gleisverbindungen auf der Werkpause mit den Original-Gleisteilen auslegen. Zum Anreißen der extrem weiten Gleisbogen, wie sie bei dieser Anlage vorhanden sind, wurde eine dünne, biegsame Holzleiste verwendet, deren Biegung mit Stahlstiften auf den unterlegten Holzplatten fixiert wurde. Auf diese Weise lassen sich auch kühn geschwungene Bogen anreißen, wie sie vor allem im mittleren Anlagenbereich vorkommen.

Nachdem die für die Gleisverlegung wichtigen Bezugslinien der Strecken-

Seiten der Leiste die Längen der im Handel befindlichen geraden Verbindungs- und Ausgleichsgleisstücke markiert. So kann der Radienzirkel gleichzeitig als Schablone zum Ermitteln der erforderlichen Ausgleichsstücke beim Zeichnen gerader Gleisverbindungen verwendet werden.

Der im Maßstab 1 : 10 ausgedruckte Computerplan wird nach folgendem Schema übertragen: Zuerst sucht man sich im Gleisplan einen Fixpunkt, beispielsweise einen Zirkeleinstich. Dessen Koordinaten überträgt man auf das Packpapier, wobei die ermittelten Maße mit 10 multipliziert werden. Dieser Fixpunkt dient nun auch in der Werkpause als Zirkeleinstich beim Übertragen der ersten Gleisbogen und somit als Ausgangsbasis für alle weiteren Konstruktionen, wie sie sich aus dem Gleisplan ergeben.

Beim Aufriß der Streckenverbindungen in den Bahnhöfen muß besonders auf

Abbildung Seite 18 oben:
Ermitteln der Maße aus dem Computerplan mit Hilfe eines Maßlineals aus durchsichtigem Kunststoff.

Abbildung Seite 18 unten:
Übertragen des aus dem Computerplan entnommenen Maßes in die Werkpause. Hierbei wird der Wert lediglich um eine Kommastelle nach rechts verschoben.

Abbildung oben:
Das Zeichnen von weiten Gleisbögen, wie sie hauptsächlich im mittleren Teil der Anlage vorkommen, gelingt am besten mit Hilfe einer dünnen Leiste, die mit Stahlstiften fixiert wird.

führung entsprechend den Vorgaben im Computerplan übertragen waren, mußten noch die für den Zuschnitt der Trassen erforderlichen Konturen eingezeichnet werden. Um Verwechslungen auszuschließen, zieht man die Konturen der Schnittlinien mit rotem Stift nach. Da bei dieser Anlagenkonstruktion die Vertikalspanten auf die Querträger des Grundrahmens aufgeleimt werden sollten, war es notwendig, auch das Leistengitter des Rahmens maßgenau in die Werkpause zu übertragen. An den Trassenauflagen, die sich an den Schnittpunkten von Trassen und Spanten ergaben, mußten nun auch die Unterstützungshöhen festgelegt werden. Um diese Maße ermitteln zu können, wurden bei den geneigten Streckenbereichen die schwarz gezeichneten Bezugslinien der betreffenden Streckenabschnitte alle 10 cm durch einen Teilstrich markiert. An den Bogenstrecken wurde diese Zehnermarkierung mit einem Flexlineal ermittelt (siehe Abbildung). Bei mehrgleisigen Bogen erfolgte die Maßteilung stets am inneren Bogen. Die Unterstützungshöhen ließen sich dann leicht ermitteln, indem bei Steigungen von Teilstrich zu Teilstrich der Prozentsatz der Neigung in Millimetern hinzugerechnet oder bei Gefällstrecken abgezogen wurde. Bei einer angenommenen Steigung von zwei Prozent betrug also die Höhendifferenz von Markierung zu Markierung 2 mm. Am Anfang und am Ende jedes geneigten Streckenabschnittes mußten außerdem die für die Ausrundungen erforderlichen Maßzugaben berücksichtigt werden.
Allerdings deckten sich nur selten die beschriebenen Markierungen mit den Schnittpunkten der Trassenunterstützung. Aus dem Abstandsverhältnis zwischen den beiden Markierungen ließ sich jedoch die Unterstützungshöhe an jeder Trassenauflage leicht errechnen. Zum Schluß wurden die Konturen der Straßen, Wege und Gewässer eingezeichnet. Dann war die Werkpause fertig. Für das Übertragen des Computer-Gleisplanes in die Werkpause nach dem beschriebenen Verfahren habe ich knapp sieben Stunden benötigt. Danach wurde der Anlagenrahmen in seine elf Segmente zerlegt und analog dazu die Werkpause zugeschnitten.

Abbildung unten:
Das Abtragen der Neigungsmaße an den Zehnermarkierungen des inneren Kreisbogens.

Abbildung rechts:
Zeichnen der Parallelstrecke mit Hilfe einer Anreißlehre.

Abbildung unten:
Das flexible Gummilineal, angelegt am inneren Gleisbogen.

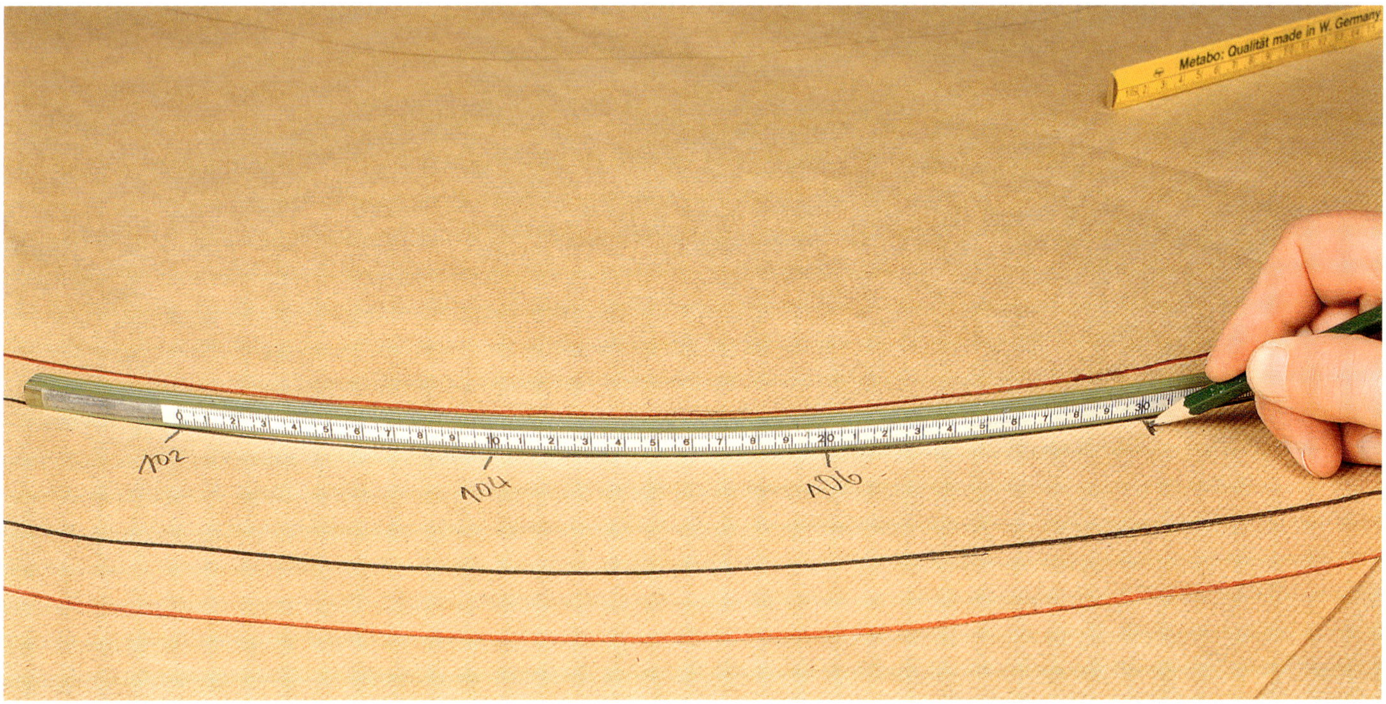

Abbildung oben:
Das Foto zeigt das Spantengerippe des zweitletzten Segments, das probeweise mit dem bereits fertiggestellten zehnten Segment verschraubt ist. Auto- und Bahntrassen sind aufgeleimt, und die Gleise sind schon verlegt. Am zweiten Spant ist die Aussparung für den in der oberen Etage gelegenen dreigleisigen Speicherbahnhof der Nebenstrecke zu erkennen.

Abbildung Seite 23 links oben:
Das zum Zuschnitt des Spantes vorgesehene Sperrholz liegt in der geplanten Position auf der Werkpause auf, und die über dem Längsträger vorgegebene Höhe der Trassenauflage wird abgetragen.

Abbildung Seite 23 rechts oben:
Mit Hilfe eines Stahlwinkels wird die Trassenauflage an der markierten Höhe abgetragen. Da es sich hierbei um die Auflage eines Gleisbogens im sichtbaren Anlagenbereich handelt, müssen auch die nach innen geneigten Kurvenüberhöhungen mit berücksichtigt werden.

Abbildung Seite 23 unten:
Der zugeschnittene Spant - nunmehr aufgerichtet - in seiner richtigen Lage auf der Werkpause zur Kontrolle. Der Sturz nach der Kurveninnenseite ist deutlich erkennbar.

Aufbau des formgebenden Spantengerüstes

Bei der Arbeit im Atelier bildeten zunächst die ersten beiden miteinander verschraubten Rahmenteile einen fahrbaren Arbeitstisch. Er war belegt mit

den dazugehörenden 8-mm-Sperrholzplatten, die zum Zuschnitt der Trassen vorgesehen waren. Auf diesen lagen, mit Reißzwecken fixiert, die entsprechenden Teile der Werkpause.

Die Spanten bestehen aus rechtwinklig zugeschnittenem, 10 mm starkem Sperrholz. Zum Anreißen wird die Platte für den ersten Spant mit der Unterkante bündig an die Linie des ersten Querträgers angelegt, in der Position also, wie der Spant später aufgeleimt wird. Zuerst werden mit Bleistift sämtliche Schnittpunkte der Streckenbezugslinien an der Plattenunterkante markiert. An den Markierungen zieht man mit einem Anschlagwinkel vertikale Hilfslinien, auf denen jeweils die Höhe der Trassenunterstützung abgetragen wird. Die Breite der Trassenauflage richtet sich nach den Maßen der Gleisbettung, wobei der Tangentenwinkel berücksichtigt werden muß, wenn die Trasse den Spant nicht im Winkel von 90° schneidet.

Abbildung oben:
Gesamtansicht des auf der Werkpause aufgestellten Spantes aus 10 mm starkem, mehrfach verleimtem Sperrholz.

Abbildung links:
Zuschnitt eines Spantes mit der Stichsäge mit feingezahntem Sägeblatt.

Abbildung Seite 25 oben:
Das fertige Spantengerippe mit teilweise aufgeleimten Trassen. Vor dem Aufleimen der Trassen sollte man auf alle Fälle die Unterstützungshöhen nochmals überprüfen und ggf. korrigieren.

Abbildung Seite 25 unten:
Aufzeichnen der Kurvenüberhöhung am Spant ermöglicht einwandfreie Übergänge auch an so schwierigen Schnittstellen wie hier.

Bei der hier beschriebenen Anlage besteht die Konstruktion aus 72 Hauptspanten. Hinzu kommen 32 Hilfsspanten, die in Längsrichtung montiert sind und hauptsächlich zur Unterstützung der im Bogen geführten Trassen dienen. Bei allen im sichtbaren Bereich liegenden Gleisbogen wurde die Trassenunterstützung zum Kreismittelpunkt hin mit einem maximalen Gefälle von etwa zwei Grad abgeschrägt, um eine merkliche Kurvenüberhöhung zu erzielen.
Beim Modellbahnbetrieb treten zwar nie so große Fliehkräfte auf, daß eine Gleisüberhöhung aus Gründen der Betriebssicherheit erforderlich wäre, doch die Kurvenneigung fahrender Züge gehört nun einmal zum gewohnten Bild.
Bei einem vorbildwidrig in seiner Längsachse waagerecht verlegten Gleisbogen unterliegt daher das Auge des Betrachters einer optischen Täuschung, die ein Kippen des Zuges nach der Außenseite der Kurve suggeriert.
Solche Effekte sollten bei dieser Anlage vermieden werden.
Bei der doppelgleisigen Strecke wurden die Trassenauflage in den Gleisbogen so gestaltet, daß die Längsachsen beider Gleise in gleicher Höhe liegen und lediglich die Bettungen geneigt sind.

Hinweis:
Bedingt durch die Eigenelastizität der Konstruktion kann es schon einmal vorkommen, daß der Grundrahmen, auf den das Spantengerüst aufgebaut wird, in der Mitte etwas »durchhängt«. Obwohl es sich bei den Längen der hier verwendeten Einzelrahmen um Differenzen von maximal 2 bis 3 mm handelt, übertrugen sich diese zwangsläufig auch auf die Trassenauflagen, da die betreffenden Spanten ja maßgenau zugeschnitten waren. Unkorrigiert hätten sich die so entstandenen Mulden wahrscheinlich auch negativ auf das Laufverhalten der Züge ausgewirkt. Um dies auszuschließen, kontrollierte ich die Flucht mit Hilfe der hier abgebildeten Alu-Setzlatte. Die erforderlichen Korrekturen erfolgte durch Unterleimen von Pappstreifen.

Abbildung links unten:
Beim Aufbau des Spantengerüstes ist es erforderlich, die einzelnen Arbeitsgänge so einzuteilen, daß sie sich gegenseitig nicht behindern. Dies gilt beispielsweise für die Strecken in den unteren Ebenen, die man, wie hier gezeigt, vorteilhaft schon vor dem Aufbau des Spantengerüstes verlegt.

Abbildung oben:
Die gründliche Kontrolle an jeder Trassenauflage ist im Hinblick auf einen späteren einwandfreien Zuglauf unerläßlich. Man muß dabei peinlich genau sein, denn hier geht es wirklich um millimetergenaue Arbeit. Bei geneigten Trassen ist es außerdem erforderlich, daß man die Auflagen dem Neigungswinkel entsprechend mit Hilfe einer Holzraspel korrigiert, da im anderen Falle die »Kantenauflage« zu Maßdifferenzen führen kann.

Beim Vorbild sieht man es gelegentlich auch anders in der gedrängten Enge einer Modelleisenbahnlandschaft gäbe die in ihrer gesamten Breite geneigte Trasse ein denkbar schlechtes Bild ab.

Nach dem Anreißen der Trassenauflagen wurde die Geländeform aufgezeichnet. Da die Vertikalspanten gleichzeitig das formgebende Gerüst zur Befestigung des Trägergewebes für die Geländeplastik bilden, bedurfte es hierbei konkreter Vorstellungen von der zu gestaltenden Geländetopografie. Der an der Wand befestigte Gleisplan mit dem Gesamtüberblick über die Anlage war bei dieser Arbeit eine sehr gute Orientierungshilfe.

Die Spanten wurden mit einer Stichsäge mit feingezahntem Sägeblatt zugeschnitten. Danach ging die Montage zügig vonstatten. Die numerierten Spanten wurden in das Leimbett der zugehörigen Längsträger des Leistengitters gesetzt und mit Holzschrauben an den zuvor vertikal angeschlagenen Halteleisten befestigt (siehe Abbildung Seite 26 unten).

Nach der Montage der Spanten wurden die ebenfalls zuvor aufgepausten und zugeschnittenen Trassen eingeleimt. Bei einigen Elementen war es erforderlich, die Gleise in der untersten Ebene schon zu verlegen, bevor die darüberliegenden Trassen eingepaßt

wurden. Dies galt besonders für die unterirdischen Speicherbahnhöfe. Neben den Bahntrassen wurde die Trasse der Autostraße eingeleimt. Zuvor mußten in die Fahrbahnteile aus 8-mm-Sperrholz die zur Aufnahme des Leitdrahtes erforderliche 1 mm tiefe V-Nut eingefräst werden, eine Arbeit, die mit Hilfe einer Oberfräse nur außerhalb der Anlage durchgeführt werden konnte. In die Nut wurde nach dem Einbau der Fahrbahntrasse der Fahrdraht eingelegt und zunächst mit grauem Nitrospachtel fixiert, mit dem nach dem Trocknen die ganze Fahrbahnoberfläche geglättet wurde.

Abbildung oben:
Fräsen der etwa 1 mm tiefen V-Nut zur Aufnahme des Leitdrahtes in der Fahrbahntrasse. Dies gelang leicht unter Verwendung der hier gezeigten Mini-Oberfräse (Hersteller: Böhler, Denzlingen).

Abbildung unten:
Einspachteln des Leitdrahtes mit grauem Nitrospachtel.

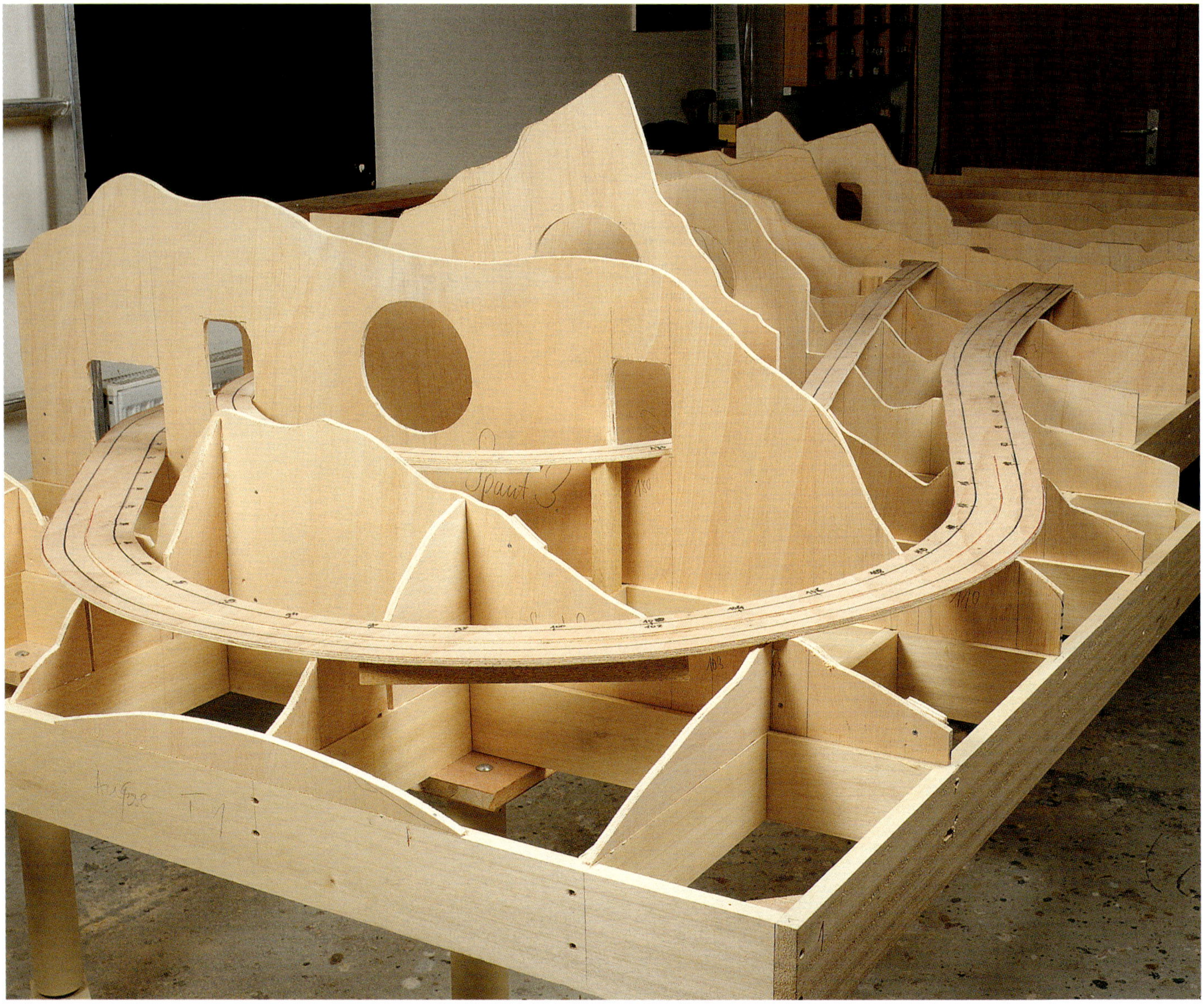

Zum Schluß wurden an beiden Elementen Seiten- und Längsverkleidungen angepaßt, die bündig mit der Außenkante des Rahmens abschließen. Damit war das tragende Rohbaugerüst fertiggestellt und präsentierte sich als solide Handwerksarbeit. Die Rohbaukonstruktionen der übrigen neun Elemente entstanden nach und nach in gleicher Weise, stets in Kombination mit einem bereits fertig gestalteten. Auf diese Weise konnte sichergestellt werden, daß alle Anschlüsse an den Trennfugen millimetergenau zusammenpaßten.

Abbildung oben:
Und so präsentiert sich das in solider Handwerksarbeit entstandene Grundgerüst des ersten Anlagenelements. Erkennbar sind hier auch die drei quer aufgesetzten Hilfsspanten, die für eine sichere Trassenauflage der im Bogen geführten doppelgleisigen Strecke nötig sind, gleichzeitig aber auch zur Befestigung der umlaufenden Rahmenblenden dienen.

Abbildung Seite 29:
Blick auf den Rohbau des neunten Anlagenelements. Hier sind bereits die Rahmenblenden montiert und die Gleise verlegt. Auch die außerhalb der Anlage fertiggestellte Burgruine befindet sich bereits an ihrem vorgesehenen Platz.

Die Bahntrasse

Gestaltung der Bahnkörper

Der Bahnkörper – das ist die aus Unter- und Oberbau bestehende Eisenbahntrasse – zählt zu den wichtigsten Stilelementen einer Modelleisenbahnanlage. Somit hängt auch der Gesamteindruck eines Dioramas in hohem Maße davon ab, inwieweit es gelingt, die natürlichen Wesensmerkmale des Bahnkörpers ins Modell zu übertragen. Bei der hier beschriebenen Großanlage sollten die Bahnkörper möglichst schlank gestaltet werden, da sie unter den räumlich beengten Gegebenheiten im Modell und verglichen mit dem Vorbild ohnehin massiger wirken. So wurden die Unterbaukronen (das Planum) an keiner Stelle breiter gestaltet als die Schotterbettung; die Mastfundamente der Oberleitung wurden vorbildgerecht an die Böschungen gesetzt. Dies gelang auf einfache Weise, indem die Mastfundamente, wie die Abbildung zeigt, aus astfreiem Holz vorgefertigt und an den vorgesehenen Standorten unter die Trasse geklebt wurden. Durch nachträgliche Bearbeitung mit der Holzraspel konnten die Klebeflächen dem Neigungswinkel der Trasse angepaßt werden, so daß die Fundamente auch an den geneigten Strecken oder an den Kurvenüberhöhungen stets senkrecht standen. Die im sichtbaren Anlagenbereich vorhandenen großen Radien gestatteten es ferner, die Parallelgleisabstände abweichend von der systembezogenen Gleisgeometrie etwas enger zu planen, was die Optik der Streckenführung erheblich verbesserte. Und letztlich wurde streng darauf geachtet, daß die angeschütteten Böschungen nirgendwo steiler als 45° ausgebildet wurden. Wo der Platz dazu nicht reichte, wurden die Böschungen als Beton- oder Mauerwerkskonstruktionen gestaltet.

Da die MÄRKLIN-K-Gleise über keine angeformte Schotterbettung verfügen, mußte vor dem Verlegen erst eine vorgeformte Bettung geschaffen werden.

Abbildung oben:
Vorbildtreu sind unter dem Brett, das die Trasse bildet, die Mastfundamente aus Apachiholz angebracht. Zur Befestigung verwendete ich UHU-Schmelzkleber. Das auch mit einer Feile leicht zu bearbeitende Holz ermöglicht es, die Mastfundamente dem Winkel geneigter Strecken anzupassen.

Abbildung Seite 30:
Die vorbildtreu gestalteten Bahnkörper am Hang im vorderen Bereich der ersten Anlagenteile. Tunnelportal und Stützmauer entstanden aus HEKI-dur-Modellbauplatten.

Hierfür wurde die im Fachhandel für alle Modellbahnspuren erhältlichen Korkgleisbettung gewählt. Die für einen ungestörten Zuglauf geforderte Druckfestigkeit der Gleisbettung verbot den Einsatz von plastoelastischen Werkstoffen, wie sie gelegentlich auch für diese Zwecke angeboten werden. Bei der weitgehend formstabilen Korkgleisbettung handelt sich um 3 bis 4 mm starke, flexible Korkstreifen, jeweils mit einer im Winkel von 45° abgeschrägten Längskante. Zwei dieser Korkstreifen, mit ihren senkrechten Schnittkanten spiegelbildlich aneinandergefügt, ergeben die Rohform einer kompletten Gleisbettung. Die Korkstreifen werden auf die vorbereiteten Trassen mit dem wasserfreien Kontaktkleber UHU-Greenit aufgeklebt, der auf beide Klebeflächen, also auf Holz und Kork, mit einem feingezahnten Spachtel gleichmäßig aufgetragen werden muß. Nach ausreichendem Ablüften (etwa 10 bis 15 Minuten) wird zuerst der eine Korkstreifen mit seiner 90°-Kante genau entlang der aufgepausten Bezugslinie auf die Trasse geklebt. Nach nochmaligem Anpressen mit einer glatten Gummiwalze erreicht die Verklebung ihre Endfestigkeit, und die Korkstreifen stellen sich auch in engen Kurven nicht mehr zurück. Wenn die eine Hälfte der Korkbettung sitzt, werden in gleicher Weise die Korkstreifen der anderen Hälfte spiegelbildlich dagegengepreßt.

Bei Gleisverzweigungen klebt man zuerst die Korkstreifen an den äußeren Böschungsrändern. Danach werden die inneren Streifen mit einem scharfen Bastelmesser keilförmig zugeschnitten und in die Verzweigungen eingepaßt. Anschließend empfiehlt es sich, die scharfen Böschungskanten mit Glaspapier der Körnung 80 zu überschleifen, da auf den gebrochenen Kanten die Schottermasse besser stehen bleibt und dadurch das schwimmende schwellenoberkantenbündige Einschottern leichter gelingt.

Nach dem Verkleben aller Korkbettungen wurden die im sichtbaren Anlagenbereich liegenden Teile mit verdünntem Holzleim grundiert, um das hohe Saugvermögen der rohen Korkoberflächen zu eliminieren. Danach wurden die Korkbettungen zunächst mit Korkschotter vorgeschottert, der in dunkle Dispersionsfarbe eingebettet wurde. Zwar hätte man sich diesen Arbeitsgang sparen und die Gleise direkt auf der Korkbettung verlegen können, um sie anschließend in einem einzigen Arbeitsgang schwellenoberkantenbün-

Abbildung Seite 32 oben:
Aufziehen der HEKI-Korkgleisbettstreifen unter Verwendung von UHU-Greenet-Kontaktkleber. Besonders gut gelingt diese Arbeit, wenn man, wie hier im Bild gezeigt, zum Anpressen einen Tapeten-Nahtroller benutzt.

Abbildung Seite 32 unten:
Einpassen der Korkstreifen in die Spreizungen einer Gleisverbindung. Mit einem scharf geschliffenen Modellbaumesser gelingt auch der hierbei erforderliche Schrägschnitt ohne Schwierigkeiten.

Abbildung oben:
Die fertige Korkbettung wird nach erfolgter Ausrundung der Böschungskanten grundiert und mit brauner Dispersionsfarbe vorgestrichen.

Abbildung links unten:
Einbetten von feinem Korkschotter in den noch nassen Film der Dispersionsfarbe; ein Arbeitsgang, der zwar nicht unbedingt erforderlich ist, der aber das spätere schwellenoberkantenbündige Einschottern der Gleise wesentlich erleichtert und ggf. auch das Ergebnis verbessert.

dig einzuschottern. Das Vorschottern hat jedoch den Vorteil, daß auch jene Flächen unter den Weichen, die der Beweglichkeit der Zungen und Stellgestänge wegen von der schwimmenden Beschotterung auszunehmen sind, einen schotterähnlichen Untergrund erhalten. Außerdem ist das spätere schwellenoberkantenbündige Einschottern auf bereits vorgeschotterten Flächen einfacher, weil auf dem rauhen Grund die Einbettmasse besser stehenbleibt und insbesondere an den Böschungen weniger zum Ablaufen neigt.

Abbildung oben:
Die vorbildtreu gestalteten Gleiskörper im Bereich des Hauptbahnhofs.

Abbildung Seite 35 oben:
Der Probeaufbau zeigt, daß sowohl das Empfangsgebäude als auch die beiden Inselbahnsteige um die Höhe der Korkschotterbettungen hochgesetzt sind, damit die Bahnsteigoberkanten im richtigen Verhältnis zu den untersten Trittbretthöhen der Reisezugwagen stehen. Mit diesem Probeaufbau wurde gleichzeitig festgestellt, ob ausreichende Abstände zu den Fahrzeugen auch im Bereich der Überdachungen allerorts gewährleistet sind.

Abbildung Seite 35 unten:
Auch die Drehscheibe erhielt eine Korkbettunterlage, damit die Gleisanschlüsse passen.

Verlegen der MÄRKLIN-K-Gleise

In der Regel wird man beim Verlegen von Modellgleisen ohne angeformte Bettung, wie dies bei den MÄRKLIN-K-Gleisen der Fall ist, davon ausgehen, daß die von der Werkpause auf die Trassen übertragenen Bezugslinien für die Verlegung als Längsfuge der Korkbettung erhalten bleiben. Da bei dieser Anlage jedoch sämtliche im sichtbaren Anlagenbereich gelegenen Korkbettungen vorgeschottert worden waren, war keine dieser Bezugslinien mehr erkennbar. Wenn aber die Gleisbettung exakt nach den Bezugslinien verlegt ist, kommt man auch ohne diese Orientierungshilfe gut zurecht. Nur die Lage der Weichen und Kreuzungen war vor dem Vorschottern mit Stecknadeln markiert worden.

Mein Auftrag erstreckte sich nur auf die Planung und den Bau der hier vorgestellten Großanlage. Die elektrische Installation und der Aufbau der vorgesehenen Computersteuerung auf der Basis von MÄRKLIN-Digital wurde an eine Elektronikfirma vergeben. Als Vorbereitung dazu wurden beim Verlegen der Gleise und nach Angaben der Elektronikfirma die Kabelanschlüsse an den Gleisen angebracht und alle erforderlichen elektrischen Trennungen in den Gleisen ausgeführt.

Unter anderem war vorgegeben, die Zuleitungen für die Einspeisung des Fahrstroms in Abständen von etwa eineinhalb Metern und unter Verwendung von Kupferlitzen mit einem Querschnitt von 0,75 mm^2 an die Gleise zu löten. Die vorgesehenen elektrischen Trennungen wurden ausschließlich am Mittelleiter und durch beidseitiges Entfernen der an den betreffenden Gleisverbindungen vorhandenen Kontaktlaschen ausgeführt. Die danach an den Gleisenden verbliebenen Kupferplättchen boten die einzige Möglichkeit, die rot isolierten Kupferlitzen der Fahrstromeinspeisung an die Mittelleiter zu löten. Da bei den Schienen der MÄRKLIN-K-Gleise nur die Schienenverbinder aus einer lötfähigen Metallverbindung bestehen, wurden dort die blauen Masseanschlüsse angelötet.

Die K-Gleise wurden weitgehend nach den Vorgaben des Computerplans verlegt. Da es beim Zusammenfügen der Gleisstücke gelegentlich vorkommt, daß sich eine der Kontaktlaschen der Mittelleiterverbindung hochbiegt, dabei in

Kontakt mit einer der Fahrschienen gerät und so zur Kurzschlußursache wird, mußten die Durchgänge beim Verlegen immer wieder mit einem elektrischen Meßgerät überprüft werden.

Bei geraden Streckenabschnitten, vor allem innerhalb der Bahnhofsbereiche, wurden die Gleise stets an einer geraden Leiste ausgerichtet, bevor sie mit MÄRKLIN-Schrauben befestigt wurden. Bei den Gleisbogen genügte das Augenmaß. Auch beim Verlegen der Gleise in den nicht sichtbaren Anlagenbereichen wurden die Märklin-Schrauben verwendet, nachdem mit einer Schusterahle vorgestochen worden war. Vor dem Eindrehen der Schrauben wurde an die Schraubengewinde ein Tropfen UHU-plus-endfest gegeben. Damit kann man einem möglichen Lösen der Schrauben durch die beim Fahrbetrieb auftretenden Vibrationen in diesen später schwer zugänglichen Streckenabschnitten vorbeugen. Beim Verschrauben im sichtbaren Bereich der Anlage hingegen konnte auf das zusätzliche Leimen verzichtet werden, da

Abbildung oben:
Grundsätzlich nach jedem neu verlegten Gleismeter ist eine Kurzschlußprüfung empfehlenswert. Eine im Gleisbett verbliebene Stecknadel oder hochgebogene Kontaktlasche des Mittelleiters sind gelegentlich einmal Kurzschlußursachen. Mit Hilfe eines elektrischen Meßgerätes, das mit einem akustischen Durchgangsprüfer ausgestattet ist, lassen sich Kurzschlüsse leicht aufspüren.

Abbildung links:
Mit dem Mini-Winkelschleifer und eingespannter Diamantscheibe gelingt das Trennen der MÄRKLIN-K-Gleise leicht und sicher. Um ein Ausreißen der Schienen aus der Schwellenbefestigung zu verhindern, ist es empfehlenswert, das betreffende Gleisstück unmittelbar neben der Schnittstelle mit einer Schraubzwinge und zwischengelegtem Holz einzuspannen.

Abbildung Seite 37:
Die mit Stecknadeln fixierten Gleisstränge im Bahnhofsbereich.

dort die Schrauben nach dem Erhärten der schwellenoberkantenbündigen Einschotterung aus optischen Gründen wieder entfernt wurden.

Neben den starren Gleisteilen des MÄRKLIN-K-Gleissystems gibt es flexible Gleise, die bei dieser Anlage ebenfalls verwendet wurden. Sie sind außer zum Aufbau von langen, ununterbrochenen Fahrstrecken auch zum Gestalten von Gleisbogen mit größeren Radien geeignet. Beim Biegen dieser Flexgleise verschieben sich die Schienen in ihren Schwellenbefestigungen. Dadurch wird die Innenschiene beim Einpassen in einen Bogen zu lang, so daß sie mit einer Mini-Trennscheibe abgelängt werden muß (siehe Abbildung). Vom Ablängen mit einem Seitenschneider ist abzuraten, da hierbei die Schienenprofile an der Schnittstelle gequetscht werden und nicht mehr in die Verbindungslaschen passen. Zwar entstehen auch beim Trennen mit der Mini-Trennscheibe Grate, die aber durch sorgfältiges Nacharbeiten mit einer Schlüsselfeile leicht entfernt werden können.

Um die Lage der Trennstellen genau zu ermitteln, wurden die Gleise in der vorgesehenen Lage mit Stecknadeln fixiert und die Schnittstellen durch einen Feilenstrich markiert. Nach dem Ablängen der Schienen mußte an jedem einge-

paßten Gleisstück auch das Schwellenband entsprechend gekürzt werden. Beim Ausbilden der Schienenstöße über den Trennfugen der Anlagenelemente wurde in ähnlicher Weise verfahren. Bei Gleisverbindungen, die im rechten oder annähernd rechten Winkel über der Fuge lagen, konnten die Schienen genau über der Abschlußkante des betreffenden Elements getrennt werden. An jeder linken Gleisverbindung wurden die Schienenhalterungen zwei Schwellen tief unterschnitten und die Schnittfläche sorgfältig mit einer dünnen Kontaktfeile nachgeschliffen, so daß die Verbindungslaschen vollkommen in den Gleiskörper hineingeschoben werden konnten. So wurden sie beim Zusammenfügen der Elemente nicht beschädigt. Erst als die Elemente ausgerichtet und verschraubt waren, wurden die Schienenverbinder mit einer Flachzange in halber Länge über die Schienen der rechts anschließenden Gleise geschoben. Die Mittelleiter wurden über die Trennfugen der Elemente hinweg nicht elektrisch verbunden.

Zwar sind die einzelnen Elemente und insbesondere die Fugenanschlüsse so präzise konstruiert, daß man auch ohne Schienenverbinder ausgekommen wäre, doch durch das naturgegebene Schwinden der Holzaufbauten muß man stets mit kleinen Differenzen an den Schienenverbindungen rechnen, die von den überschobenen Verbindungslaschen aufgefangen werden. Ohne diese Sicherung würden Ungleichheiten an den Stößen zwar kaum zum Entgleisen der Züge, aber zu hohem Verschleiß der aus Weichgummi hergestellten Haftreifen führen, mit denen die meisten Triebfahrzeuge ausgerüstet sind.

Bei diagonal oder im Bogen über die Trennfugen der Elemente geführten Schienenverbindungen konnten die MÄRKLIN-K-Gleise wegen des im Gleiskörper liegenden Mittelleiters nicht dem Fugenverlauf entsprechend getrennt werden. Auch in solchen Fällen wurden die Gleise im Winkel von 90°, jedoch im Abstand von drei Schwellen vor der Fuge abgetrennt. In die entstandene Lücke wurde ein entsprechend vorbereitetes Gleisstück mit an einer Seite untergeschobenen Schienenverbindern als Verbindungsstück eingepaßt, das jederzeit wieder herausgehoben werden konnte.

Abbildung Seite 38:
Auch mit der Mini-Bohrmaschine und eingespannter Karborundscheibe kann man die Schienen trennen, allerdings entstehen hierbei werkzeugspezifisch schräge Schnitte, und es kommt manchmal vor, daß die empfindlichen Trennscheiben zwischen den Schnittflächen verklemmen und dabei zerbrechen. Zum Entgraten der Schnittflächen sind die Bohrmaschinen mit der Karborundscheibe jedoch wie kaum ein anderes Werkzeug geeignet. Die Aufnahme zeigt die Schienentrennung an einer Trennstelle zwischen zwei Anlagenteilen.

Abbildung oben:
An den Trennstellen zwischen zwei Anlagenteilen müssen die Schienenverbindungslaschen vollkommen in den Gleiskörper unterschoben werden, um einer Verformung beim Zusammenfügen der Elemente vorzubeugen.

Abbildung links:
Um die Schienenverbindungslaschen vollkommen in den Gleiskörper unterschieben zu können, müssen an den ersten beiden Schwellen die Schienenhalterungen durch Unterschneiden entfernt werden.

Anrosten der Schienen

Nachdem die Gleise auf der vorgeschotterten Bettung verlegt, die elektrischen Anschlüsse nochmals überprüft und Probefahrten auf allen Streckenabschnitten durchgeführt waren, wirkten die blanken, aus Neusilber hergestellten Schienen der MÄRKLIN-K-Gleise doch etwas unnatürlich. Die Farbkorrektur gelang mit der rostbraunen Farbe aus dem FALLER-Patina-Set, das in jedem gut sortierten Fachgeschäft erhältlich ist. Ich habe diese Arbeit im Airbrush-Verfahren vor dem Einschottern der Gleise ausgeführt. Der Vorteil dieses Verfahrens besteht neben der zügigen Arbeitsweise vor allem darin, daß auch die beweglichen Teile der Weichen mit der dünnflüssigen Farbe überhaucht werden und ihre Rostpatina erhalten können, ohne daß sie verkleben. Von Nachteil ist hingegen der Umstand, daß ausreichend Raum zur Führung der Airbrushpistole vorhanden sein muß. Wo das nicht möglich war, zum Beispiel innerhalb der Brückenbereiche oder an nahen Gebirgsaufbauten, mußten die Gleise schon vor dem Verlegen entsprechend bearbeitet werden.
Zum Handauftrag der unverdünnten Rostfarbe benötigt man einen Plattpinsel aus Rinderhaar. Die Technik des manuellen Auftrags sowie die Auftragstechnik im Airbrush-Verfahren sind in der Verarbeitungsanleitung des FALLER-Patina-Sets ausführlich beschrieben.

Nach beidseitigem Farbauftrag in dem einen oder anderen Verfahren waren zwangsläufig auch die Schienenköpfe mit Rostfarbe überdeckt. Sie wurde dort nicht entfernt, wo erfahrungsgemäß kein Verkehr stattfindet, beispielsweise vor Prellböcken oder hinter Schutzweichen. Im Bereich der übrigen Strecken und Gleisverbindungen wurden die Schienenköpfe mit einem Leinenlappen, der mit Kunstharzverdünner

getränkt war, vorsichtig abgewischt und mit Wasserschleifpapier der Körnung 360 nachgeschliffen.

Abbildung Seite 40 oben:
Anrosten der Schienen im Airbrush-Verfahren. Der Vorteil ist hierbei, daß der nur hauchdünn aufgebrachte Farbfilm im Bewegungsbereich der Weichen nicht verklebt.

Abbildung Seite 40 unten:
Schienenköpfe, und vor allem die für die elektrische Kontaktgabe zu den stromabnehmenden Fahrzeugrädern wichtigen Innenkanten, müssen farbfrei sein. Sie werden deshalb mit Wasserschleifpapier der Körnung 360 blank geschliffen. Das können Sie – vor allem bei den Innenkanten – nur unter Verwendung eines Schleifklotzes.

Abbildung oben:
Die fertig gestalteten Gleiskörper im Bahnbetriebswerk-Bereich aus der Vogelperspektive.

Einschottern der MÄRKLIN-K-Gleise

Zum schwellenoberkantenbündigen Einschottern der MÄRKLIN-K-Gleise wurde als Granulat dunkelbrauner HEKI-Korkschotter und als Einbettmasse die von HEKI vertriebene Latex-Einbettmasse 3342 verwendet. Dieser Werkstoff erbrachte bei meinen Tests mit weitem Abstand vor allen anderen Einbettmassen die besten Ergebnisse. Er hat ausgeprägte thixotrope Eigenschaften, d. h., er verflüssigt sich beim Verarbeiten und verfestigt sich mit Eintritt des Ruhezustandes wieder. Daher sackt die zwischen den Schwellen in den Gleiskörper eingebrachte Einbettmasse kaum ein und neigt weder zum Unterkriechen noch zum Ablaufen von den Böschungskanten. Somit besteht nicht die Gefahr, daß Weichen und andere bewegliche Teile durch unterkriechenden Kleber verklebt werden, wie dies bei den früher als Einbettmassen verwendeten Holzleimen ungeachtet aller Vorsicht gelegentlich einmal vorkam.

Die HEKI-Latex-Einbettmasse 3342 wird in einer Kunststoff-Spritzflasche geliefert, mit der das unverdünnte Material leicht zwischen die Schwellen des Gleiskörpers bis knapp unter die Schwellenoberkante eingebracht werden kann. Damit die Einbettmasse nicht vorzeitig antrocknet, arbeitet man etappenweise, wobei immer nur eine Gleislänge von etwa einem Meter fertiggestellt wird. Zuerst füllt man die Schwellenzwischenräume in der Mitte des Gleiskörpers und anschließend die äußeren mit den Böschungen. An den Böschungskanten verteilt man zuviel aufgebrachtes Material mit einem weichen Schulmalpinsel.

Selbstverständlich mußten die Aktionsbereiche der Zungen und Stellgestänge bei den Weichen und Entkupplungsgleisen von der Beschotterung ausgenommen werden. Durch die bereits vor dem Verlegen der Gleise ausgeführte Vorschotterung mit dem gleichen Material fielen diese Unterbrechungen jedoch kaum auf.

Das Einschottern selbst erfolgte durch vorsichtiges Einstreuen des Korkschot-

ters bis zur Sättigung des Kleberbettes. Durch gelegentliches Klopfen mit dem Hammer gegen die Trassenunterseite wurde der Einbettungseffekt deutlich verbessert. Mit fortschreitendem Trocknungsprozeß, der oft bis zu 24 Stunden in Anspruch nahm, verlor die Schotterbettung ihren anfänglich vorhandenen milchigen Schleier und erhielt ihr endgültiges natürliches Aussehen. Der restliche, nicht eingebundene Schotter wurde mit einem Staubsauger mit aufgesetzter Polsterdüse entfernt.

Abbildung Seite 42 oben:
Einbringen der Latex-Einbettmasse in die Schwellenzwischenräume des Gleiskörpers.

Abbildung Seite 42 unten:
Einstreuen des Modellschotters. Hier wurde HEKI-Korkschotter verwendet.

Abbildung oben:
Die Drehscheibe mit Lokschuppen im Dampf-Betriebswerk.

Bahnkunstbauten

Unter dem Begriff »Bahnkunstbauten« versteht man alle mit zum Bahnkörperbereich zählenden Hochbauarchitekturen, z. B. Stützmauern, Tunnelportale, Brücken. Sämtliche Stützmauern und Tunnelportale dieser Anlage entstanden nach eigenen Plänen. Lediglich die Brücken, die über das die Anlagenmitte quer durchziehende Gewässer führen, sind vorgefertigte Industrieerzeugnisse, deren Auflager und Pfeiler jedoch selbst hergestellt wurden.

Wie die Abbildungen zeigen, konnten im Eigenbau die Architekturen der insgesamt sieben auf der Anlage vorhandenen Tunnelportale der Eisenbahntrassen ganz den jeweiligen Geländeverhältnissen angepaßt werden. Die Unterkonstruktionen bestehen aus 8 mm starkem Sperrholz, das anschließend mit HEKI-dur-Modellbauplatten verkleidet wurde. Die Tunnelportale im Bereich der doppelgleisigen Hauptstrecke erhielten auf der Rückseite Fangbügel aus Holz mit Spannvorrichtungen für die Oberleitung, die aber nur als Attrappe installiert wurde. Zusammen mit der Verspannung des Fahrdrahts drücken die Fangbügel die Stromabnehmer auf dem Dach der ausfahrenden Elektrolokomotiven auf das allgemeine Fahrdrahtniveau herunter. Wegen der vielfältigen Steuerungsmöglichkeiten beim digitalen Fahrbetrieb konnte man auf echten Oberleitungsfahrbetrieb und damit auf die recht aufwendigen Überspannungen in den nicht sichtbaren Streckenbereichen verzichten.
In der beschriebenen Bauweise, mit Sperrholz und HEKI-dur-Modellbauplatten als Verkleidung, entstanden auch einige Stützmauern und die Brückenpfeiler. Die anderen der Trassensicherung dienenden Kunstbauten in Betonimitation wurden aus Gips gefertigt. Dies wird im Abschnitt »Geländegestaltung« eingehend beschrieben.

Die Tunnelportale der Autostraße haben ihre Vorbilder in den während der sechziger Jahre aufgekommenen glatt gezogenen Stahlbetonröhren. Auch hier bestehen die tragenden Konstruktionen aus Sperrholz, das mit Aluminiumgewebe überzogen und mit Gips modelliert wurde. Die Röhren wurden aus 4-mm-Korkplatten geformt.

Abbildung Seite 47:
Die versetzt angeordneten Tunnelportale unterhalb des »großen Felsens« am rechten Anlagenende.

Abbildung unten:
Das Portal der in den großen Speicherbahnhof führenden Tunnelröhre.

Kaiser Friedrich Quelle

CALW

Abbildung oben:
Ausschnitt vom Bahnsteig 5 des großen Hauptbahnhofs. Übrigens: die Bahnsteig- oder Gleisnummer in einem Personenbahnhof ist stets auf das Empfangsgebäude bezogen und beginnt dort mit 1.
Man beachte auf diesem Foto die Details: Bänke, Auskunftstafeln und eine kleine Barake für den Fahrdienstleiter. Die Bahnsteigoberkante ist so ausgelegt, daß sie mit den untersten Trittbrettern der Personenwagen auf gleicher Höhe liegen und den Reisenden einen sicheren Zustieg bieten.

Abbildung rechts:
Die Ausfahrt des kleinen Nebenstrecken-Landbahnhofs aus der Vogelperspektive. Hinter dem Bahnübergang, der die Zufahrt zum Ladegleis an der gegenüberliegenden Seite bildet, erkennt man auch den früher an dampfbetriebenen Strecken obligaten Wasserkran.

Landschaft

Burgruine und Staumauer

Diese beiden recht unterschiedlichen Objekte haben zwei Dinge gemeinsam: Ihre Unterkonstruktionen bestehen aus Sperrholz, das mit Modellbauplatten verkleidet wurde, und sie mußten schon vor Beginn der Geländebauarbeiten fertiggestellt sein, damit sie in die noch zu gestaltende Geländetopografie eingepaßt werden konnten. Außerdem war der Aufbau auf dem Werktisch außerhalb der Anlage einfacher als am endgültigen und weniger leicht zugänglichen Standort innerhalb des Rohbaugerüstes.

Die Grundrisse mittelalterlicher Burgen sind nicht willkürlich, sondern abhängig von den jeweiligen Geländestrukturen angelegt worden. Trotz der großen Auswahl hätte kein Original passend in die Konzeption der hier vorgestellten Landschaft übernommen werden können. Daher hat die Burgruine kein bestimmtes Vorbild, sie ist eine typisierte mittelalterliche Wehranlage, deren Ursprung im zwölften Jahrhundert gelegen haben könnte.
Das Grundgerüst aus 8-mm-Sperrholzsegmenten wurde zunächst mit Verpackungskarton verkleidet, um geeignete Klebeflächen für die HEKI-dur-Modellbauplatten zu erhalten. Die aus dem gleichen Karton gefertigten, senkrecht auf den Fundamenten stehenden Mauerreste wurden beidseitig mit den sehr leicht zu bearbeitenden, 3 mm starken HEKI-dur-Platten aus dichtgeschäumtem Polystyrol kaschiert. Mit dieser Sandwitchmethode konnte nicht nur eine weitgehend vorbildnahe Stärke des Mauerwerks, sondern auch eine hinreichend gute Stabilität erzielt werden. Am einfachsten herzustellen war der Turm. Sein Kern besteht aus einer schlichten Papprolle, die mit HEKI-dur ummantelt wurde. Vor der Bemalung mit Dispersionsfarbe wurden die relativ druckempfindlichen Oberflächen der HEKI-dur-Platten noch bearbeitet, indem mit einem Messerknauf und verschieden geformten Holzgriffeln Löcher und Schrammen eingedrückt und durch nachträgliches Aufträufeln von Holzleim den relativ gleichmäßigen Mauerwerksstrukturen ein stärker verwittertes Aussehen verliehen wurde. Durch stellenweise aufgespachtelte gipshaltige Kunststoffmasse konnten verwitterte Putzreste imitiert werden.

Als Geländer wurde das von HEKI vertriebene Metallgeländer aus Messing verwendet. Der Bausatz besteht aus den senkrechten, mit je zwei Bohrungen versehenen Ständern und 0,7 mm starken Kupferdrahtstücken, die in die Bohrungen eingeschoben und mit Zyankleber fixiert werden. Wie die Abbil-

dung zeigt, gelang mit dieser simplen Konstruktion, wie man sie im Vorbild auch heute noch in der Schweiz häufig sieht, der fachgerechte Aufbau eines Modellgeländers auch an geneigten Objekten.

Abbildung Seite 50:
Die Aufnahme zeigt den aus Sperrholz und Pappe hergestellten Rohbau der Burgruine, vorbereitet zum Kaschieren mit HEKI-dur-Modellbauplatten. Unter dem Modell sieht man noch einen Teil des auf dem Reißbrett gezeichneten Bauplans.

Abbildung oben:
Die fertige Burgruine mit dem aufgesetzten FALLER-Bausatzmodell. Im Vorfeld sind die mit HEKI-flor gestalteten Rebenzellen zu erkennen. Man beachte außerdem auch das vorbildgerecht am Aufgang zur Burg angebrachte Metallgeländer mit senkrecht gestellten Pfosten.

Hinweis:
Geeignete Kleber für HEKI-dur-Modellbauplatten sind entweder Holzleime (wasserverdünnbare Dispersionskleber) oder aber speziell für die Polystyrolverklebung entwickelte Kontaktkleber (z.B. UHU-por oder UHU-3000-Kontaktkleber). Im vorliegenden Fall habe ich den wasserverdünnbaren und daher umweltfreundlicheren UHU-3000-Kontaktkleber verwendet. Bei der Kontaktverklebung wird der Kleber grundsätzlich auf die beiden zu verklebenden Flächen mit einer feingezähnten Spachtel aufgetragen. Wenn der flüssige Anteil aus den Kleberschichten verdunstet ist, tritt im Gegensatz zu den herkömmlichen Dispersionsklebern die Haftung sofort ein, so daß Korrekturen durch Verschieben nicht mehr möglich sind. Bei den Dispersionsklebern kann es hingegen Stunden dauern, bis der Wasseranteil verdunstet ist und die Klebewirkung eintritt.

In der Staumauer des kleinen Druckröhrenkraftwerkes ist zur Regulierung des Wasserstandes im Stausee in der rechten arkadenähnlichen Öffnung ein spindelbewegter Stahlschieber installiert. Über diesen Mechanismus kann bei zu hohem Pegelstand das überschüssige Wasser in einen seitlich am Turbinenhaus vorbeiführenden Kanal abgelassen werden. Die Aufbauten des Maschinenhauses stammen aus den Resten eines FALLER-Bausatzes, die Druckröhren lieferten die Aluminiumstäbe einer alten Fernsehantenne.

Abbildung oben:
Detail mit der Staumauer, dem in der Talsohle gelegenen Turbinenhaus und dem Umspannwerk auf der Anhöhe. Im Vordergrund erkennt man die Auffahrt zur doppelgleisigen Eisenbahnbrücke mit den Spannwerken der elektrischen Fahrleitung.

Abbildung links oben:
Das Foto zeigt den Zuschnitt einer HEKI-dur-Modellbauplatte mit einem scharf geschliffenen Modellbauermesser, dessen Klinge nach etwa jedem zwanzigsten Schnitt an einem Ölstein nachgeschärft werden muß. Für einen geraden Schnitt ist ein Stahllineal unverzichtbar. Damit gelingen auch die 45°-Gehrungsschnitte ohne weitere Hilfsmittel. Zur Ausführung sicherer Schnitte ist die Verwendung einer geeigneten Kork- oder Pappeunterlage empfehlenswert.

Abbildung links unten:
Detail der fertigen Staumauer vor dem Einbau. Der Stahlschieber, Maschinenhaus und Seilzugwinden sind ebenso zu erkennen wie die beiden aus den Resten einer Fernsehantenne gefertigten Druckrohre.

Abbildung Seite 53:
Der Fernschnellzug in TEE-Lackierung durchfährt die weite Kurve unterhalb der Burgruine.

Geländegestaltung

Für den plastischen Aufbau der Geländestrukturen wurde Modellgips verwendet. Im Gegensatz zu leim- oder kunstharzgebundenen Spachtelmassen, die stets unter mehr oder weniger ausgeprägtem Volumenschwund aushärten und daher nur in beschränkter Schichtdicke aufgetragen werden können, erhärtet Gips ohne Volumenschwund. Die mit Gips modellierte Form bleibt also über alle Aushärtungsphasen hinweg bis zur völligen Austrocknung unverändert. Vor allem im Hinblick auf den Umfang der zu gestaltenden Flächen hatte dieser Werkstoff große Vorzüge, denn von den Ebenen bis hin zu den Felsstrukturen konnten alle vorkommenden Geländeformen rationell in einem einzigen Arbeitsgang modelliert werden.

Als Verankerungsbasis für die Gipsschichten diente Aluminiumgewebe, wie es in gut sortierten Eisenwarenfachgeschäften als Rollenware erhältlich ist. Im Gegensatz zu den lediglich aus Stahldraht hergestellten »Fliegengittern« rostet Aluminiumgewebe nicht, wenn es mit dem alkalischen Restwasser, das beim Abbindeprozeß des Gipses entsteht, in Verbindung kommt. Aluminiumgewebe läßt sich außerdem wesentlich besser formen. Zum Zuschnitt benötigt man eine feingezahnte Vielzweckschere.

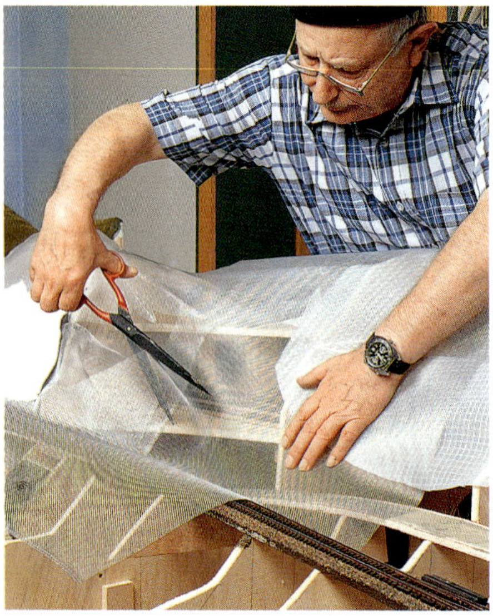

Das Aluminiumgewebe wurde an den Spanten, Trassen und Rahmenblenden der Rohbaukonstruktion mit Spezialklammern befestigt, die mit einem druckluftbetriebenen Tacker verarbeitet wurden. Durch Faltenlegen, Aufbiegen und Abspannen konnte dabei die Geländestruktur schon weitgehend vorgeformt werden. Damit das Gewebe an den Befestigungspunkten nicht einriß, wurde es an den Kanten umgebörtelt. Außerdem wurde der Tacker etwas verkantet angesetzt, um zu verhindern, daß die Klammern das Gewebe durchschlugen.

Abbildung Seite 54 links unten:
Das Aluminiumgewebe wird zunächst über die Spantenkonstruktion geformt und mit einer Vielzweckschere entsprechend zugeschnitten.

Abbildung Seite 54 oben:
Im Gegensatz zu den elektrisch betriebenen Tackern gelingt es mit den schlanker gebauten Drucklufttackern auch an extrem unzugänglichen Stellen die 8 mm-Klammern punktgenau einzuschlagen.

Abbildung oben:
Befestigen des Aluminium-Gewebes an der Spantenkonstruktion. Um ein Durchschlagen der Klammern vor allem an den Hirnholzflächen zu vermeiden, wird der Drucklufttacker stets schräg angesetzt.

Abbildung links unten:
Um Modellgips, und damit auch an Gewicht zu sparen, empfiehlt es sich, größere zusammenhängende Flächen mit Gipsbinden vorzuformen. Unterführende Strecken sind vor Beginn der Gipsarbeiten abzudecken.

Modellieren der Geländestrukturen

Die verarbeitungsfähig angemachte Gipsmasse wurde mit einem Palettmesser, wie es Kunstmaler zur Ausführung pastoser Maltechniken benutzen, angetragen. Die Klinge des Werkzeuges sollte nicht zu elastisch sein. Für die Gipsmodelliertechnik geeignete Palettmesser (z. B. von HEKI) gibt es beim Modellbau- und Farbenfachhandel. Beim Auftragen des sämigen Gipsbreies ist darauf zu achten, daß das Material überall gut in das Aluminiumgewebe eingedrückt wird, denn ähnlich wie beim Beton dient das eingebettete Gewebe als Armierung, die der aufmodellierten Gipsschicht nach dem Aushärten eine hohe Bruchfestigkeit verleiht.

Obwohl für ebene Vegetationsflächen eine Gipsschicht von wenigen Millimetern genügt hätte, um die nötige Stabilität zu erzielen, wurde bei diesem Modell eine Mindestdicke von 12 mm eingehalten. So ließen sich bei der weiteren Gestaltung der Landschaft an jeder beliebigen Stelle Bohrungen anbringen, beispielsweise zum Einleimen von Bäumen, Zäunen oder den Pfählen der Rebenzeilen in den Weinbergen. Auch für die Verdübelung von Fundamenten für die unter Zugbelastung stehenden Objekte, z. B. Fahrleitungs- und Hochspannungsmasten, waren die erhärteten Gipsschichten überall ausreichend dick.

Ebenfalls aus Modellgips, der mit Hilfe von Japanspachteln (Flächenspachteln mit federnden Stahlklingen) glattgezogen wurde, entstanden die als Imitation von Stahlbeton ausgebildeten Stützmauern der doppelgleisigen Hauptstrecke im vorderen Anlagenteil. Stärkeren Materialauftrag erforderten die Felspartien, da dort nach der ersten Aushärtephase aus der aufgebrachten Substanz die endgültige Profilierung erst noch herausgearbeitet werden mußte.

Um hierbei Material zu sparen, wurden besonders weit herausragende Details mit Gipsbinden vorgeformt.

Für das Gebirge wurde nach dem Vorbild von Schwarzwald und Odenwald ein Porphyrgestein mit Buntsandsteinauflage gewählt. Sowohl die Struktur als auch die Farbgebung einer solchen Gebirgsformation paßten am besten in das Anlagenkonzept, zumal im äußersten rechten Teil auch ein Porphyrsteinbruch mit Zerkleinerungswerk und Ladegleis vorgesehen war. Entsprechend schwierig gestaltete sich das

Abbildung Seite 56:
Auftrag des Modellgipses auf das Aluminiumgewebe mit einem Palettmesser.

Abbildung oben:
Ziehen der Sichtbetonböschung mit Hilfe einer breiten Japanspachtel. Im Vordergrund erkennbar ist die Elementtrennfuge mit eingeklemmten Klarsichtfolienstreifen, der das Problem der gleichmäßigen Fugenausbildung elegant löst.

Herausarbeiten der doch recht differenzierten Felsenstruktur mit den üblichen Schabe-, Kratz- und Stechwerkzeugen. Dazu wurden scharf geschliffene Stechbeitel, Schnitzmesser, Sgraffittoschlingen und verschieden geformte Ziehklingen verwendet. Obwohl schon beim Antragen der Felsstrukturen versucht wurde, die in ständig wechselnden Winkeln zur Horizontalen gekennzeichneten geologischen Schichtungen der beiden Gesteinsarten weitgehend vorzuformen, blieb noch sehr viel Feinarbeit. Vor allem die unzähligen Felsabbrüche und Erosionszonen an den Abbruchkanten, die beim Vorbild an zahllosen Stellen die typischen Faltenstrukturen kaum noch erkennen lassen, waren verhältnismäßig schwierig nachzubilden. Beim Ansetzen und Führen der Werkzeuge bestand die größte Gefahr darin, in eine gewisse Routine zu verfallen und unschöne Wiederholungen in den Strukturmustern zu schaffen, die in der Natur nie vorkommen und daher auch im Modell unnatürlich gewirkt hätten. Einfacher hingegen war die Imitation der künstlichen Felsabbrüche im Steinbruch, da dort durch den Abbau bedingte ständig wiederkehrende Strukturen dominierten.

Um die Geländeformen auch über die Trennfugen der einzelnen Elemente hinweg zu gestalten, wurden in die Fuge zwischen den beiden jeweils in Arbeit befindlichen Elementen Streifen aus 0,3 mm starker Klarsichtfolie gezwängt, die einige Zentimeter aus der Geländeprofilierung herausragten. Sie bildeten während der Modellierarbeit die Fugentrennung und ließen sich nach dem Aushärten der Modelliermasse leicht wieder entfernen. Die so entstandenen Fugen sind im Gesamtbild der Anlage kaum noch zu erkennen.

Etwa zwei Tage benötigt Modellgips zum Trocknen. Der Trocknungsprozeß

ist abgeschlossen, wenn die Oberfläche ihre typische weiße Alabasterfarbe angenommen hat. Vor der weiteren Bearbeitung mit Farbe oder Kleber ist eine satt tränkende Grundierung erforderlich, um das hohe Saugvermögen des extrem porösen Untergrundes zu eliminieren. Für die Anlage wurde ein lösungsmittelfreier Tiefgrund (Caparol Tiefgrund LF) verwendet, dem zur Streichkontrolle ein wenig Ocker zugesetzt war.

Abbildung Seite 58 oben:
Das mit Modellgips geformte rechte Endelement der Anlage in getrocknetem Zustand.

Abbildung Seite 58 unten:
Einmodellieren der aus einer Korkplatte geformten Tunnelröhre.

Abbildung oben:
Ausformen der Gesteinsstruktur mit dem Stechbeitel.

FRIEDRICHSHÖHE

Farbgestaltung

Farbgebung

Als Jahreszeit wurde der Hochsommer zum Vorbild für die Landschaftsgestaltung gewählt. Im Juni, Juli und August befindet sich in unseren Breiten die Natur auf dem Höhepunkt des Wachstums und zeigt sowohl in den Wiesen und Weideflächen als auch im Laub der Bäume die kräftigsten Grüntöne. Auch die Getreideernte fällt in diese Zeit, und die ebenfalls auf dieser Anlage dargestellten Weinreben konnten im voll entwickelten Laub gezeigt werden. Bei einer zunächst ebenfalls in Betracht gezogenen Herbstfärbung war bei der Größe der Anlage zu befürchten, daß die Farbgebung zu bunt und zu unruhig

Abbildung oben:
Ein Schotterzug umrundet die fertig gestaltete Felsnase am rechten Anlagenende.

Abbildung Seite 60:
Szene im Nebenstreckenbahnhof »Friedrichshöhe«.

Abbildung links:
Der Nebenstreckenbahnhof mit Empfangsgebäude, Inselbahnsteig und Raiffeisenlagerhaus. Im Vordergrund sieht man die kleine Bergkapelle mit Hochzeitsgästen.

hätte ausfallen können. Schließlich sollten die fahrenden Züge den ersten Rang einnehmen und farblich noch in deutlichem Kontrast zum landschaftlichen Umfeld stehen, wie dies beim Vorbild ja auch der Fall ist. So schien auch wegen der Vielzahl der mitunter recht bunten Züge, die auf der Anlage eingesetzt werden sollten, die Kulisse einer vorwiegend von Grün dominierten Landschaft mit nur wenigen farbintensiveren Kontrapunkten vorteilhafter.

Wichtig für eine günstige Gesamtwirkung der Anlage im Raum ist ferner das farbliche Umfeld selbst. Mit einem geeigneten Hintergrund mußte die Voraussetzung für einen natürlich wirkenden Horizont geschaffen werden, da ohne Horizont die nach dem Naturvorbild dreidimensional gestaltete Landschaft kaum zur Geltung gekommen wäre. Der Hintergrund durfte weder durch Fensternischen noch durch andere störende Architekturelemente unterbrochen werden. Dies gilt auch für sehr viel kleinere Heimanlagen. Für einen solchen Hintergrund, der mindestens eine Handbreit über die höchsten topografischen Erhöhungen der Anlage reichen sollte, waren am Aufstellungsort die denkbar besten Voraussetzungen in Form glatter Wandflächen gegeben. So gelang die Imitation eines natürlich wirkenden Horizontes relativ einfach, indem die betreffenden Flächen zunächst mattweiß angelegt wurden. Auf den so vorbereiteten Untergrund wurde anschließend blaue Farbe mit einem leistungsfähigen Farbspritzgerät, nach oben hin verdichtend, aufgenebelt. Auf diese Weise entstand das Bild einer dezenten Stratusbewölkung, wie sie bei hochsommerlichen Inversionswetterlagen typisch ist. Auf die Darstellung von stärker profilierter Wolken oder gar eine Fortsetzung der Landschaft durch zweidimensional vorgesetzte Bilder wurde bewußt verzichtet, da solche Manipulationen nur Unruhe ins Bild gebracht und kitschig gewirkt hätten.

Mit Rücksicht auf die harmonische Farbgebung der Landschaft erhielt der Rahmen der Anlage mit den vorgesetzten Blenden eine seidenmatte Lackierung in Anthrazitgrau. Ich verwende diesen Farbton für alles, was unterhalb der farbig gestalteten Anlagenszene liegt, weil jede weniger neutrale Tönung in Konkurrenz zu bestimmten Farben innerhalb des Landschaftsbildes treten und unerwünschte Disharmonien hervorrufen könnte.

Für eine realistische Farbwirkung der Anlage am endgültigen Standort spielte schließlich die Beleuchtung eine große Rolle. Es sollten weitgehend die Voraussetzungen geschaffen werden, wie sie auch in der Natur gegeben sind. Daher kamen nur Lichtquellen in Frage, die über das volle Tageslichtspektrum verfügten. Über den vorderen Rändern der Anlage wurden breit streuende Lichtbänder angeordnet, die in ziemlich steilem Winkel die Szenerie gleich-

mäßig ausleuchteten. Unnatürliche Mehrfachschatten wurden auf diese Weise vermieden. Auf den Einsatz von Punktstrahlern wurde grundsätzlich verzichtet.

Abbildung Seite 64:
Blick vom rechten Anlagenende auf das Eckelement mit Burgruine. Man beachte die elegant geführten, weiten Gleisbögen. Deutlich erkennbar der vorbildtreu nach der Kurvenmitte zu geneigte Zug. Die grünbunte Landschaft präsentiert sich im Sommerkleid. Die richtige Beleuchtung unter Verwendung von Tageslicht-Leuchtstoffröhren sorgt für eine gleichmäßpige Ausleuchtung ohne mehrfache Schattenschläge. In Verbindung mit dem richtigen Hintergrund wirkt die Szene ausgeglichen und harmonisch.

Abbildung oben:
Blick auf das Schotterwerk im rechten Anlagenteil. Auch hier wirkt die Szene durch die harmonische Farbgebung natürlich und keineswegs überladen. Vor allem wurde auf einen ausreichenden Abstand zwischen dem Steinbruch und dem Bahnkörpersicherungsbereich der doppelgleisigen Hauptstrecke geachtet.

Bemalen der Felsstrukturen

Die lasierende Bemalung der Felsenbilder erfolgte in mehreren Arbeitsgängen. Unter »Lasieren« versteht man die nicht deckende Oberflächenbehandlung mit Farbe, wobei angestrebt wird, daß der Untergrund mehr oder weniger durchscheint. Die aus Modellgips plastisch geformten Felsen erhielten nach vorausgegangener Grundierung zunächst einen deckenden Anstrich mit Dispersionsfarbe, und zwar im hellsten Farbton des nachzubildenden Gesteins, so wie er beispielsweise an einer frischen Bruchstelle beim vergleichbaren Naturmaterial zutage tritt. Da sich der blaß rotviolette Basisfarbton des Porphyrs nur wenig von dem des roten Sandsteins unterschied, konnte derselbe Grundfarbton für beide Gesteinsarten verwendet werden. Die Mischung gelang durch Abtönen der weißen Basisfarbe mit Oxidrot, Ultramarinblau und ein wenig Ocker. Dieser erste Anstrich wurde deckend ausgeführt.

Der nächste Anstrich erfolgte mit Bierlasur im dunkelsten Farbton des nachzubildenden Gesteins. Die Mischung bestand aus den Farbpigmenten Umbra natur, Sienaerde, Ultramarinblau und Oxidrot. Sie wurde mit hellem Exportbier zunächst dick angeteigt und anschließend bis zur leichten Streichfähigkeit weiter verdünnt. Kirchenmaler und Restauratoren verwenden diese Methode der Farbherstellung. Unmittelbar nach dem Auftrag mußte mit einem feuchten Naturschwämmchen nachgewischt werden, wobei die Farbe konzentriert lediglich in den Vertiefungen der Strukturen verblieb und auf den erhabenen

Flächen einen mehr oder weniger stark lasierenden, hauchdünnen Film bildete. Zum Lasieren hätte man auch Dispersions-Volltonfarben verwenden können, wie ich dies in meinen anderen Schriften empfehle, zumal die genannten Buntpigmente nur noch in Spezialgeschäften für Restauratorenbedarf erhältlich sind. Bei Verwendung der auf hohes Deckvermögen gezüchteten Volltonfarben wäre jedoch nie eine so gute Lasurwirkung erzielt worden wie mit der Bierlasur. Neben dem guten Bindevermögen auch bei sehr starker Verdünnung hat Exportbier den Vorzug, daß es langsamer auftrocknet und für die Nachbearbeitung mit dem Schwamm mehr Zeit bleibt. Bei keiner der genannten Lasuren ist die Festigkeit jedoch ausreichend. Daher muß man die lasierten Flächen unmittelbar nach dem Trocknen mit farblosem Mattlack oder einem unpigmentierten feindispersen Acrylanstrich fixieren. Bei dieser Anlage wurde ein matter Sprühlack auf Nitrobasis (Clou) verwendet. Geeignet sind aber auch wasserverdünnbare

Abbildung Seite 66:
Das mit Modellgips geformte Gelände ist hier in den verschiedenen Grundfarben der nachfolgenden Geländegestaltungen vorgestrichen. Rechts oben ist noch eine Fläche sichtbar, die mit dem ocker eingefärbten Tiefgrund grundiert ist.

Abbildung oben:
Die im hellsten Farbton des nachzubildenden Gesteins gestrichene Gebirgsfläche wird mit der dunklen Lasurfarbe überstrichen.

Abbildung links:
Durch Abwischen der deckend aufgetragenen Lasurfarbe mit einem nassen Schwämmchen entsteht der gewünschte Effekt.

Abbildung oben:
Durch Übergranieren mit fast leerem Plattpinsel werden zusätzliche »Spitzenlichter« aufgesetzt.

Abbildung rechts:
Nach dem Fixieren der farbig behandelten Felsen werden die hervorstehenden Oberkanten mit grüner Einbettmasse angelegt und mit Hilfe der Sprühflasche mit Grasfasern beflockt.

Acryllacke (z. B. Caparol-Tapetenschutz im Mischungsverhältnis 1 : 2), die mit einem weichen Rinderhaarpinsel auch von Hand aufgetragen werden können. Vor der Fixierung wurden jedoch die lasierten Felsenstrukturen mit heller Mattlackfarbe aus dem FALLER-Patina-Set graniert. Unter »Granieren« versteht man das Überwischen strukturierter Untergründe mit fast farbleerem Plattpinsel, wobei lediglich die erhabenen Spitzen der Struktur von der Farbe erfaßt werden. Die Graniertechnik wird auch heute noch häufig in der Fassadenmalerei auf Strukturputz angewendet. In unserer Praxis dient sie zum Aufsetzen der Spitzenlichter an feinstrukturierten Oberflächen, die nach einer solchen Bearbeitung plastischer wirken.

Lasieren von Beton und Mauerwerk

In gleicher Weise wie die Felsstrukturen wurden die Betonoberflächen der Stützmauern an der doppelgleisigen Hauptstrecke im vorderen Anlagenbereich und die mit HEKI-dur-Modellbauplatten gestalteten Oberflächen lasierend behandelt. Als Basisfarbe für die Betonoberflächen diente ein helles Grau, welches man durch Abtönen einer weißen Dispersionsfarbe mit Braun und Blau erzielt. Auch hier wurde Bierlasur eingesetzt, jedoch wesentlich stärker verdünnt. Sie wurde nach dem Auftragen durch Übertupfen mit einem feuchten Schwämmchen gleichmäßig verteilt. Erst nach der Lasur wurden die Bohrungen für die Entwässerungsrohre angebracht. Als Röhrenstutzen dienten kurze Stücke von Trinkhalmen, die eingeleimt wurden. Die Kalkfahnen, die beim Vorbild durch auskristallisierenden Kalk bei der Wasserverdunstung entstehen, wurden durch Aufwischen weißer Plakatfarbe mit der Fingerkuppe imitiert.

Die Basisfarbe für die Lasurarbeiten an den Oberflächen der HEKI-dur-Modellbauplatten war die gleiche wie für die Felsstrukturen. Zum Überwischen der danach aufgetragenen Bierlasur wurde jedoch ein rechteckiger Viskoseschwamm benutzt, mit dem die Farbe gleichmäßiger in den Mauerwerksfugen verteilt werden konnte. Den letzten Schliff aber erhielten die Strukturen durch sorgfältiges Übergranieren mit einem breiten Nylon-Plattpinsel und hellgrauer Mattlackfarbe. Besonders an den auf alt getrimmten Mauern der Burgruine mit den imitierten Putzresten ergab die Graniertechnik ein sehr realistisches Erscheinungsbild.

Abbildung oben:
Die den Bahnhofsbereich sichernde Beton-Stützmauer wurde mit betongrauer Dispersionsfarbe gestrichen und mit der gleichen Lasurfarbe lasiert, wie sie für die Felsen verwendet wurde, wobei lediglich intensiver abgewischt wurde. Die Dränrohre entstanden aus Trinkhalmen, die etwas geneigt in die vorbereiteten Bohrungen eingeleimt wurden.

Feinarbeit

Straßen und Wege

Wie bereits beschrieben, wurde der für die magnetische Spurführung erforderliche Leitdraht der zweispurigen Autostraße im vorderen Anlagenteil schon bei den Rohbauarbeiten in die Trasse eingebracht und mit grauem Nitrospachtel fixiert. Mit dem gleichen Material wurden später in mehreren Arbeitsgängen alle Fahrbahnflächen im sichtbaren Anlagenbereich geglättet. Anschließend erhielten sie zwei deckende Anstriche mit quarzmehlgefüllter Dispersionsfarbe im Asphaltton (z. B. HEKI-Straßenfarbe Asphalt). Die letzte Farbschicht wurde nach dem Trocknen mit Wasserschleifpapier überschliffen, wobei eine matte Oberfläche mit typischem Fahrbahncharakter entstand. Mit einem Radiergummi konnten die Fahr- und Bremsspuren der Fahrzeuge recht wirklichkeitsnah imitiert werden. Das Aufmalen der Fahrbahnmarkierungen schließlich ist der schwierigste Teil, selbst wenn man bereits einige Übung hat und einen Malstock als Auflage für das Handgelenk benutzt. Zum Auftragen der weißen Plakatfarbe verwende ich einen Rotmarderschlepper (ein spezieller Pinsel zum Linienziehen). Einfacher geht es mit einem speziellen Liniergerät, wie es früher zum Linieren von Schultafeln verwendet wurde und auch heute noch für relativ wenig Geld beim Fachhandel für Schriftenmalerbedarf erhältlich ist.

Auch die nicht für den rollenden Verkehr vorgesehenen Straßen und Plätze erhielten die gleiche Oberflächenbehandlung. Die Feldwege hingegen wurden nach dem Spachteln mit hellbeiger Dispersionsfarbe gestrichen und mit Bierlasur lasiert. Die Fahrspuren entstanden durch Einwischen mit dem Schwamm. Für die Grasnarben der Feldwege wurde grüne Dispersionsfarbe aufgetragen, in die noch vor dem Trocknen synthetische Grasfaser eingestreut wurde.

Abbildung Seite 70:
Das Glätten der Straßendecke mit Nitrozellulosespachtel. Um eine ausreichend glatte Oberfläche zu erzielen, sind mehrere Arbeitsgänge mit jeweiligem Zwischenschliff erforderlich.

Abbildung rechts:
Das Ziehen der Straßenmarkierungslinien mit Plakatfarbe mit Hilfe eines Rinderhaar-Malpinsels und Malstock ist eine Kunst, die leicht erlernbar ist, aber etwas Übung erfordert. Eine solche Bemalung hält aber besser als aufgeklebte Markierungen, die mit der Zeit an Klebevermögen verlieren und zum Ablösen neigen.

Abbildung unten:
Die mit Markierungen und Leitplanken im Maßstab 1:87 (HEKI) fertig gestaltete Straße präsentiert sich sehr wirklichkeitsnah. Man beachte auch das Detail im Hintergrund, wo die Betonstützmauer gleichzeitig zur Sicherung der Böschung im Bereich der austretenden Tunnelröhre genutzt wird.

Vegetationsflächen

Die im Mittelgebirgscharakter geplante Anlage besteht außerhalb der von Verkehrslinien und dem angedeuteten Städtchen beanspruchten Flächen größtenteils aus Brachland, durchbrochen von Gebüsch und Baumgruppen. Die wenigen landwirtschaftlich genutzten Bereiche beschränken sich auf die terrassenförmig angelegten Weinberge rund um die Villa des Sägewerksbesitzers und unterhalb der Burg sowie auf ein erntereifes Getreidefeld, auf dem die Ernte bereits begonnen hat.
Die weitgehend grasfreien Stellen der Magerböden wurden mit hellgrauer Dispersionsfarbe vorgestrichen und mit fein gesiebtem Bausand bestreut. Zur Gestaltung der Grasflächen wurden die synthetischen Grasfasern mit einem Elektrostaten senkrecht in die zuvor satt aufgetragene Klebermasse eingebettet. Insofern unterscheiden sich die so hergestellten Oberflächen nicht von denen der seriengefertigten Grasmatten. Als Einbettmasse diente dunkelgrüne Dispersionsfarbe, der zur Verdickung etwa zehn Prozent verarbeitungsfertiger Tapetenkleister auf Zellulosebasis zugemischt war.
Um ein Abwandern der wäßrigen Phase aus der Einbettmasse in den Untergrund und damit ein vorzeitiges Antrocknen zu verhindern, war außer der bereits beschriebenen Grundierung der stark saugfähigen Gipsflächen auch noch ein sperrender Zwischenanstrich mit etwas verdünnter Dispersionsfarbe erforderlich. Da nur das nasse Kleberbett in der Lage ist, die Fasern zu binden, kann man auf diesen Arbeitsgang nicht verzichten.

Sicherlich verfügen nur wenige Modellbahnbauer über ein elektrostatisch arbeitendes Beflockungsgerät, da sich eine solche Investition nicht lohnt, wenn man nur hin und wieder eine Heimanlage baut. Ein fast gleich gutes

Abbildung unten:
Grasfaserbeflockung unter Verwendung eines elektrostatisch aufgeladenen Beflockungsgerätes. Mit der Energie von ca. 16000 Volt (aber mit sehr niedriger Amperezahl) werden die synthetischen Grasfasern aufrecht in das nasse Klebebett eingespritzt. Hierbei handelt es sich um das gleiche Verfahren, wie es bei der maschinellen Herstellung der auf Packpapier kaschierten Grasmatten angewendet wird.

Abbildung Seite 73:
Ausgeglichen und harmonisch – die unter Anwendung der elektrostatischen Grasfaserbeflockung gestaltete Landschaft. Das Buschwerk und die Bäume entstanden aus HEKI-flor-Belaubungsvlies. Die hier zutage tretende Keuperschicht gelang mit heller Grundfarbe und mehrfach überwischter Bierlasur.

Ergebnis erzielt man mit Hilfe einer elastischen Plastikflasche, z. B. einer leeren Spülmittelflasche, deren Düse man auf 8 bis 9 mm aufbohrt. Durch kräftiges Zusammendrücken der Flasche werden die zuvor eingefüllten Fasern in dem austretenden Luftstrom weitgehend aufrecht in die Klebermasse eingebettet. Dieses Verfahren erfordert allerdings mehr Geduld.

Erheblich aufwendiger war die Gestaltung des Erntefeldes im rechten Anlagenteil. Die bereits abgeernteten Flächen entstanden wie die Grasflächen, wobei ungefärbte Grasfasern (z. B. HEKI-Wintergras) verwendet wurden. Schwieriger hingegen war die Darstellung der noch stehenden Streifen. Sie gelang mit Schweineborsten, wie sie die Firmen FALLER und HEKI im Sortiment führen. Diese Naturborsten wurden bündelweise aufrecht in zuvor dick aufgezogene Spachtelmasse gebettet. Als diese gut durchgetrocknet war, wurde der so entstandene Flor mit einer Allzweckschere auf einheitliche Höhe geschnitten. Durch sanftes Übergranieren mit hellbrauner Dispersionsfarbe konnten schließlich auch die Ähren deutlich erkennbar imitiert werden. Die Erntefiguren stammen aus dem PREISER-Programm.

Die Hecken und das niedere Buschwerk bestehen aus Kunststoffspritzlingen von Baumästen, Naturmaterialien oder Islandmoos. Allerdings dienten diese Dinge mehr oder weniger nur als formgebende Gerüste, die mit UHU-Sprühkleber und HEKI-flor überformt wurden. Mit dem gleichen, sehr weit dehnbaren Material gelang auch die vorbildnahe Darstellung der Kletterpflanzen und Weinreben. Lediglich die Laubbäume sind weitgehend unverändert aus dem HEKI-artline-Programm übernommen worden.

Zur Gestaltung der Fichtengruppen wurden die gedrehten Typen in ver-

schiedenen Größen benutzt. Sie wurden jedoch mit der Schere »dynamisiert« und anschließend ebenfalls mit Sprühkleber und Spezialflocken nachbehandelt. Der Gipsuntergrund ermöglichte es, an jeder beliebigen Stelle die Bohrungen zum Einleimen der Modellbäume anzubringen.

Abbildung Seite 74 oben:
Fixieren der eingezogenen Fäden beim Gestalten der Weinrebenzellen.

Abbildung Seite 74 unten:
Das Überformen der Rebenzellen mit HEKI-flor-Belaubungsvlies.

Abbildung oben:
Die Vorderansicht der fertig gestalteten Felsnase am rechten Anlagenende.

Abbildung links:
Die Landschaft unterhalb der Burgruine mit Erntefeld.

Gewässer

Das Gewässer zieht sich quer durch den mittleren Anlagenteil. Der in Höhe der dritten Ebene gelegene Spiegel des Stausees bot in Verbindung mit der fast senkrecht vorgesetzten Staumauer im Untergrund genügend Raum für einen unbehinderten Betrieb im darunter liegenden fünfgleisigen Schattenbahnhof. Der Gewässergrund des Stausees besteht aus einer 10-mm-Sperrholzplatte, die grundiert und anschließend mit dunkelblauer Dispersionsfarbe, gemischt aus den Volltonfarben Blau und Braun, zweimal deckend gestrichen wurde. Die Fläche wurde gegen die Staumauer und an den Uferböschungen abgedichtet, damit sie das Gießharz aufnehmen konnte, das den Seespiegel bildet. Vor dem Eingießen mußte jedoch auch die Abdichtung an der hinteren Anlagenblende hergestellt werden. Dazu diente eine etwa 2 mm starke Leiste aus astfreiem Holz, die über die gesamte Öffnung reichte und an den

Randzonen der Blende provisorisch mit Stahlstiften angeheftet wurde. Ein zuvor über die Öffnung geklebter Tesafilmstreifen verhinderte den direkten Kontakt zwischen der Holzleiste und dem Gießharz. Durch diese Trennschicht war es später möglich, die Leiste vom ausgehärteten Seespiegel wieder zu lösen.

Als Gießharz wurde FALLER-Gießharz verwendet, das nach meinen Erfahrungen am besten für diesen Zweck geeignet ist. Voraussetzung für das Gelingen ist jedoch, daß die beiden Komponenten Harz und Härter unmittelbar vor der Verarbeitung genau im vorgeschriebenen Verhältnis zusammengegeben und intensiv miteinander vermischt werden. Eine Füllhöhe von 15 mm war ausreichend. Das dunkle Blau des Untergrundes in Verbindung mit der spiegelglatten Oberfläche imitiert die Seetiefe völlig unabhängig von der Dicke

der aufliegenden Harzschicht. Bei einer dickeren Gießharzschicht wäre beim Aushärteprozeß eine höhere Reaktionswärme aufgetreten, so daß die mit HEKI-dur-Modellbauplatten verkleideten Pfeiler der quer über das Gewässer hinwegziehenden Kastenbrücke hätten beschädigt werden können.
Das Gewässerbett unterhalb der Staumauer wurde wieder mit Modellgips gestaltet. Auch diese Flächen mußten zunächst grundiert und zweimal mit der dunkelblauen Gewässergrundfarbe gestrichen werden. Vor dem Einfüllen des Gießharzes wurden jedoch die Uferzonen gestaltet. An einigen Stellen wurden mit Schweineborstenbündeln, die nachträglich mit Airbrush grün überhaucht wurden, die an solchen Ufern wuchernden Binsengewächse recht vorbildnah dargestellt. Daneben wurde Islandmoos eingepflanzt oder Buschwerk an die Uferzonen gesetzt. In die braun gefärbte Kunstharzmasse wurden kleine Kieselsteine eingedrückt. Nachdem alles gut getrocknet und sowohl

Abbildung Seite 76 oben:
Ausformen der Uferböschung mit Modellgips.

Abbildung Seite 76 unten:
Das zur Aufnahme des Gießharzes vorbereitete Bachbett.

Abbildung oben:
Die Gewässerszene mit Stauwehr, Turbinenhaus, Straßen- und Eisenbahnbrücke in der Rohbauphase.

die Gewässerabschlüsse am vorderen Anlagenrand als auch die Anschlüsse zum Turbinenhaus sorgfältig abgedichtet waren, wurde auch hier das Gießharz eingefüllt. Gleichzeitig war ein kleines Muster außerhalb der Anlage vorbereitet, an dem unter gleichen Bedingungen der Grad der Aushärtung ermittelt werden konnte. Erst als die Masse fast erstarrt war und beim Eindrücken keine Fäden mehr zog, wurden mit einem entsprechend vorbereiteten Holzstückchen die Wellen einmodelliert. Die schäumenden Wellen hinter den Austrittrohren der Turbinen konnten allerdings erst zwei Tage später mit dem werkstoffverwandten UHU-plus-endfest auf die erhärtete Wasseroberfläche aufgetragen werden. Nachdem auch diese ausgehärtet waren, wischte ich die Schaumkronen mit weißer Plakatfarbe ein. Um einen einheitlichen Glanz zu erzielen, wurde die gesamte Wasseroberfläche nochmals mit farblosem Polyurethan-Hochglanzlack überlackiert.

Abbildung oben:
Das fertiggestellte Gewässer.

Abbildung Seite 79:
Granieren von Fassadenteilen eines Bausatzes an der Spritzform unter Verwendung der hellgrauen Farbe aus dem FALLER-Patina-Set. Der Verwitterungseffekt ist an den behandelten Teilen deutlich erkennbar.

Patinieren der Bausatzmodelle

Unter »Patinieren« versteht man das künstliche Altern von Oberflächen – eine vielseitige Technik, mit der zahlreiche Fachleute der unterschiedlichsten Gewerke befaßt sind. Beim Gestalten einer Modelleisenbahnanlage erfolgt das Patinieren in der Absicht, Teile der manchmal zu bunt geratenen Industrieerzeugnisse so zu korrigieren, daß sie sich harmonisch in das farbige Gestaltungskonzept einfügen.

Mit der Patiniertechnik wird jedoch keineswegs das Ziel verfolgt, die betreffenden Flächen einfach schmutzig zu machen, beispielsweise durch Übersprühen mit schwarzer Farbe. In der Natur verlaufen die Verwitterungsprozesse nach ganz bestimmten Gesetzen und in Abhängigkeit von zahlreichen, oft örtlich bedingten Einwirkungsfaktoren wie Erosion, Korrosion, Feuchtigkeit, Lichteinwirkung, Staubablagerungen, Anwuchs. Hierbei entstehen zahlreiche, sehr differenzierte Farbschattierungen, welche die von Menschenhand zunächst unverträglich gestalteten Objekte nach und nach mit ihrer farbigen Umwelt versöhnlicher werden lassen. Zwar altern auch die Objekte auf unseren Modellbahnanlagen, aber unter wohnraumklimatischen Bedingungen sind die Veränderungen derart gering, wenn man einmal von den verkupferten Fahrdrähten der Oberleitung absieht, daß man nicht darauf warten kann. Im Interesse einer günstigen Optik ist man in dem einen oder anderen Fall zur Farbkorrektur gezwungen, wenn zum Beispiel an einem Bausatzmodell das Dach zu rot ist oder die Fassaden inmitten eines Industriegebietes in leuchtendem Weiß erscheinen.

Zum Patinieren verwende ich die Mattlackfarben aus dem Patina-Set der Firma FALLER, das nach meinen praktischen Erfahrungen zusammengestellt wurde. Das Set besteht aus den vier Basisfarben Hellgrau, Staubgrau, Dunkelgrün und Rost sowie aus je einer Dose Weiß und Schwarz zum Aufhellen oder Nachdunkeln, ferner einem zum Granieren geeigneten Nylon-Plattpinsel und Airbrush-Verdünner.
Bei den Arbeiten an dieser Anlage wurden nahezu alle Teile der Gebäude schon vor dem Zusammenbau patiniert. Schon die Tatsache, daß auf allen Strecken auch Dampfbetrieb durchgeführt wird, erforderte entsprechende Korrekturen zumindest an den Bauwerken, die an den Bahnanlagen oder in ihrer Nachbarschaft aufgestellt werden sollten. Dies galt vor allem für die Gebäude des Dampfbetriebswerkes. Aber selbst dort wurde nur im engsten Umfeld der Bekohlungsanlage die schwarze Farbe verarbeitet, mit der, entsprechend verdünnt, die Teile der technischen Einrichtungen sowie die darunter liegenden Gleise mit der Airbrush-Pistole besprüht wurden. Die Fassaden der übrigen Gebäude und Einrichtungen, von der Drehscheibe bis zum Empfangsgebäude, wurden ebenfalls im Airbrush-Verfahren mit Staubfarbe überhaucht, der lediglich noch etwas Schwarz zugesetzt war, jedoch in

abnehmenden Anteilen, je weiter der Standort vom Zentrum des Dampfbetriebswerks und von den Durchgangsgleisen im Hauptbahnhof entfernt lag. Zum Patinieren von glatten oder leicht strukturierten Fassadenteilen empfehle ich das Airbrush-Verfahren, da nur hier die Farbmenge beim Sprühvorgang so fein dosiert werden kann, daß auch dem Anfänger bei ausreichendem Abstand vom Objekt (etwa 15 cm) und ohne größeres Risiko eine hinreichend gleichmäßige Farbverteilung gelingt. Da die Fassadenflächen der Gebäude farblich oft anders behandelt werden als Sockel und Gesimse und da bestimmte Teile wie Fenster u. ä. sogar völlig farbfrei zu halten sind, patiniere ich die einzelnen Bausatzteile vor dem Zusammenbau, oft sogar noch am Spritzling. Beim Kleben gibt es keine Schwierigkeiten, wenn man die Fugen der patinierten Teile mit Wasserschleifpapier der Körnung 320 wieder blank schleift. Auch bei flächig strukturierten Fassadenteilen und Dächern erzielte ich mit Airbrush die besten Ergebnisse, wischte dort aber unmittelbar nach dem Auftrag mit einem nichtfasernden Leinenlappen nach, der mit etwas Verdünner leicht angefeuchtet sein konnte. Auf diese Weise verblieb die Farbe lediglich in den Vertiefungen der Strukturen, die dadurch nicht nur die gewünschte Patina erhielten, sondern gleichzeitig auch optisch hervortraten. Bei hellem Mauerwerk beispielsweise konnten durch die dunkle Farbe die Mauerwerksfugen hervorgehoben werden, bei dunklem Mauerwerk gelang es, mit heller Farbe die Verfugungen zu imitieren.

Besondere Effekte wurden jedoch bei fast allen Bauwerken und Stahlkonstruktionen der Anlage mit der Graniertechnik unter Verwendung der hellgrauen Farbe erzielt. Wie bereits bei der Gestaltung der Felsen beschrieben, wird zum Granieren ein Nylon-Plattpinsel verwendet, den man nach dem Eintau-

chen in die Farbe auf einer saugfähigen Pappe oder einem Stück Holz wieder ausstreicht, bis er fast farbleer ist. Auf diese Weise wurden die Feinstrukturen und Kanten der dunkleren Bausatzteile hervorgehoben. Fensterläden, Gesimse, Bruchsteinmauerwerk oder Stahlkonstruktionen beispielsweise erhielten erst mit dieser Technik ihre Konturen und Zeichnungen, die vordem selbst unter optimalen Beleuchtungsverhältnissen kaum wahrnehmbar waren. Auch die Strukturen der Ziegeldächer wurden durch zusätzliches Granieren, wobei auch Farbmischungen aus Hellgrau und Rost verwendet wurden, merklich verstärkt. Die Kupferpatina gelang durch Aufwischen der grünen Mattfarbe mit der Fingerbeere und nachträgliches Übergranieren.

Abbildung Seite 82 oben:
Patinieren der Stahlkonstruktion der Entschlackungsanlage des Betriebswerks für Dampflokomotiven im Airbrushverfahren. Der Abstand zwischen Düse und Objekt beträgt nur wenige Zentimeter.

Abbildung Seite 82 unten:
Ein fertig patiniertes Bausatzmodell (Baywa-Lagerhaus von Pola). Die Fassadenteile wurden vor dem Zusammenbau im Airbrushverfahren unter Verwendung von LUKAS-Airbrushfarbe leicht überhaucht. Die Dachflächen wurden von Hand mit der dunkelbraunen Mattlackfarbe aus dem FALLER-Patina-Set lasiert und mit der hellgrauen Farbe leicht graniert.

Abbildung oben:
Blick aus der Vogelperspektive in den Steinbruch. Auch das Brechwerk mit Verladestation erhielt eine Patina mit der dunkelbraunen Mattlackfarbe. Die ausgeprägten Verwitterungserscheinungen an der Holzkonstruktion wurden durch anschließendes Granieren mit der hellgrauen Farbe erzielt.

Details

Der Hauptbahnhof

Der große Hauptbahnhof, der in seiner ganzen Ausdehnung die Anlagenteile 4 und 5 einnimmt, ist als Durchgangsbahnhof konzipiert. Für die doppelgleisige Durchgangsstrecke stehen Nutzgleislängen von über 4 Meter mit ca. 2,80 Meter langen Bahnsteiginseln zur Verfügung, so daß auch realistisch lange Züge mit bis zu 10 Schnellzugwagen vorbildtreu abgefertigt werden können.
Insgesamt können 5 Gleise für den Zustieg von Reisenden genutzt werden. Zwei weitere Gleise dienen dem Durchgangsverkehr zum Umfahren der Bedienungsgleise.
Dem Hauptbahnhof angegliedert ist ein Bahnbetriebswerk zur Versorgung der Streckenlokomotiven. Somit ist dieser Bahnhof auch für den Lokomotivenwechsel eingerichtet, der allerdings ausschließlich im Nebenstreckenverkehr stattfindet, da nur die auf den Nebenstrecken eingesetzten Triebfahrzeuge hier beheimatet sind. Für die Wartung der auf der Hauptstrecke eingesetzten Elektrolokomotiven ist dieses auf Dampf- und Diesellokomotiven spezialisierte Betriebswerk nicht eingerichtet.

Der endgültige Gleisplan vom Bahnbetriebswerk, der von dem auf den Seiten 6 und 7 abgebildeten Gleisplanentwurf der Gesamtanlage etwas abweicht.

1 - Hauptbahngleis für Streckenlokomotiven
2 - Durchgangsbehandlungsgleis für Kurzstreckenlokomotiven
3 - Schlackenwagengleis
4 - Versorgungsgleis der Bekohlungsanlage
5 - Umfahrgleis für ausfahrende Lokomotiven
6 - Tankgleis für Diesellokomotiven

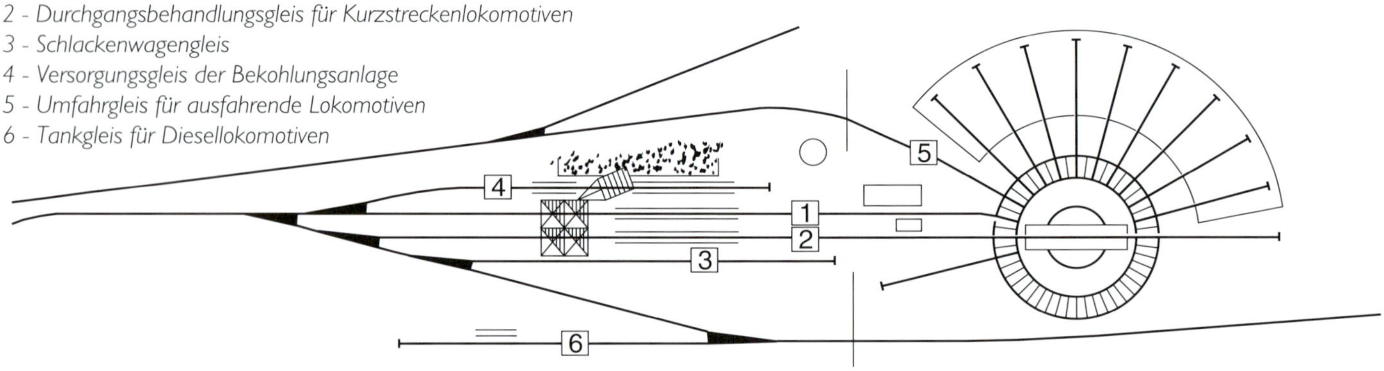

Das Bahnbetriebswerk

Das auf dieser Anlage realisierte Bahnbetriebswerk entspricht dem klassischen Aufbau einer historischen Dampflokbasis, wie sie nahezu auf der ganzen Welt die Regel war. Bei der Konzeption einer solchen Anlage wurde stets eine Lösung angestrebt, die einen Durchlauf an allen Versorgungseinrichtungen ohne Rangierfahrten ermöglichte. Weltweit hat sich hierbei eine bestimmte Behandlungsreihenfolge durchgesetzt. Zuerst wurden die heimkehrenden Streckenlokomotiven unter dem Kohlenbunker bekohlt und danach in der dahinter gelegenen Entschlackungsanlage entschlackt. Da dieser Arbeitsgang am längsten dauerte, wurde der Zwangsaufenthalt über der Entschlackungsgrube gleichzeitig zum Wasserfassen genutzt. Wasserkräne innerhalb des Bereichs der Entschlackungsanlage waren deshalb obligatorisch.
Nach dem Entschlacken war die Besandungsanlage die nächste Station. Da die Dampflokomotiven zum Anfahren und Bremsen sehr viel Sand benötigten, waren druckluftbetriebene Besandungseinrichtungen erforderlich. Die Behandlungsgleise führten schließlich auf die Drehscheibe. Dampflokomotiven mit Schlepptender konnten aus technischen Gründen Züge nur in Vorausfahrt führen. Die Drehscheibe diente also in erster Linie zum Wenden, wurde aber gleichzeitig auch zum Verteilen der Lokomotiven auf die einzelnen Lokstände genutzt.
Neben den Behandlungsgleisen mußten in einem Dampfbetriebswerk Gleise zur Versorgung der Bekohlungsanlage, zur Abfuhr der Schlacke, zum Ab- und Bereitstellen der Lokomotiven und zum Umfahren der Anlage vorhanden sein. Zur Versorgung der Diesellokomotiven ist in unserem Gleisplan auch noch ein Tankgleis für Dieselöl vorgesehen.

Abbildung Seite 86:
Die Bekohlungsanlage aus der Vogelperspektive.

Abbildung oben:
Die Entschlackungsanlage mit den Gelenkwasserkränen aus der Vogelperspektive. Weiter rechts sieht man die Besandungsanlage.

Hinweis:
Ein Foto von der Drehscheibe findet sich auf Seite 43.

Neben den Strecken

Der Aufgang zur Burgruine

Viele mittelalterliche Wehranlagen benötigten keine speziellen Fundamente; sie wurden direkt auf den Felsen gebaut, ein Umstand, dem es zu verdanken ist, daß wir bei einer großen Anzahl von Burgruinen noch ausreichend gut erhaltene Mauerreste vorfinden, die auf die ursprünglichen Grundrisse schließen lassen. Sie bieten die Voraussetzungen für Teilrekonstruktionen wie hier im Modell gezeigt. Hier ist die Auffahrt zur Zugbrücke mit den zur Sicherung der Aufschüttungen erforderlichen Stützmauern im Detail dargestellt. Auf den Gesteinstrümmern der ehemaligen Mauern bilden die abgelagerten Humusschichten geradezu ideale Böden für den Weinbau.

Abbildung rechts:
Detail der Auffahrt zur Burgruine. Interessant ist hier das im Neigungswinkel der Auffahrt korrekt montierte Messinggeländer mit senkrecht stehenden Pfosten (HEKI-Bausatz). Gut erkennbar sind auch die beim Weinbau nach römischem Vorbild stets nach dem Wassergefälle ausgerichteten Rebenzeilen.

Das Kornfeld

Es befindet sich in der Talsohle unterhalb der Auffahrt zur Burgruine. Die Ernte ist bereits in vollem Gange; eine Szene nach historischem Vorbild, das an jene Zeit erinnert, als man das Korn noch von Hand mit der Sense mähte. Die geschnittenen Garben wurden damals auch von Hand gebündelt. Sofern es die Witterung erlaubte, wurden die Garben anschließend auf den am Feldrain wartenden Leiterwagen geladen und noch am selben Tag in die Scheune gefahren.

Abbildung links:
Detailaufnahme von der bereits auf Seite 74 beschriebenen Geländegestaltung in der Talsohle vor der Auffahrt zur Burgruine.

Abbildung oben:
Detail des auf Seite 83 in einer anderen Perspektive abgebildeten Steinbruchs. Die terrassenförmig aus dem Fels gesprengten Strukturen wurden mit Sgraffittoschlingen aus dem noch feuchten Modellgips herausgearbeitet. Nach völliger Austrocknung erfolgte die farbige Oberflächenbehandlung wie bei den übrigen Felsstrukturen beschrieben. Die Geröllhalden entstanden durch Einbetten von rötlichem Bausand in entsprechend eingefärbte Dispersionsfarbe.

Der Steinbruch

Man sieht sie heute immer seltener, die kleinen Steinbrüche mit Gleisanschluß, wie sie früher oft hinter Büschen versteckt am Vorgebirgshang lagen und meist nur aus der Vogelperspektive auszumachen waren. In diesen Kleinbetrieben wurde das aus dem Fels gesprengte Gestein vor Ort zerkleinert und in Form von Straßen- oder Bahnschotter direkt in die bereitstehenden Waggons verladen. Wie bei unserem Modell waren oft das Zerkleinerungswerk und die Verladeschächte in einem Bauwerk untergebracht.
Das Büro des Sprengmeisters, der manchmal auch gleichzeitig Geschäftsführer und Lademeister in einer Person war, befand sich neben der Ladestation in einer Baracke. Der zum Schotterwerk von der Nebenstrecke abzweigende private Gleisanschluß war hinter der Weiche durch eine verschließbare Sperre verriegelt. Diese Vorrichtung war vorgeschrieben, um die Staatsbahnstrecke gegen unbeabsichtigte Flankenfahrten abzusichern.

Elektrische Steuerung

Das Konzept zur Steuerung der Anlage über Bildschirm und Computer und die elektrische Installation stammt von der Firma Dipl. Ing. Schapals. Bei der Steuerung wurde das Programm der Firma SOFT-LOK verwendet. Als Steuerungssystem wählte der Auftraggeber MÄRKLIN-Digital. Neben der hier besonders geforderten sehr sicheren Übertragung des Fahrstroms gibt es zu diesem System die modernen MÄRKLIN-Lokomotiven-Decoder 6090 mit integrierter Drehzahlregelung, die in Verbindung mit der vorgesehenen Computersteuerung ein Höchstmaß an vorbildnahen Zugbewegungen ermöglichen.

Das gesamte Streckennetz der Anlage wurde in 20 elektrisch getrennte Abschnitte unterteilt. Jeweils zwei sind zu einem Stromkreis zusammengefaßt, die jedoch nicht nebeneinander, sondern im Gegenteil sehr weit auseinander liegen. Diese sicherlich etwas ungewöhnliche Anordnung der Stromkreise bietet jedoch den Vorteil einer möglichst gleichmäßigen Lastverteilung auch unter extremen Betriebsbedingungen. So sind beispielsweise auch dann keine Überlastungen zu befürchten, wenn alle Bahnhofsgleise gleichzeitig von beleuchteten Zügen besetzt sind oder alle zur gleichen Zeit im Schattenbahnhof stehen. Die von der MÄRKLIN-Central-Unit gelieferte Steuerspannung dient als Eingangssignal für zwei Leistungsverstärker mit je einer Ausgangsleistung von 10 A, die über 5 Ausgänge (2A) je 10 Stromkreise speisen. Bei den Leistungsverstärkern handelt es sich um Geräte des Typs P 10 aus der Produktion der Firma Schapals. Die einstellbare Spannung beträgt 14 bis 22 Volt. Damit reicht der zur Verfügung stehende Fahrstrom auch für lange, beleuchtete Schnellzüge.
Die manuelle Zugsteuerung erfolgt entweder über den Bildschirm, über das stationäre MÄRKLIN-Control 80 f oder das mobile MÄRKLIN-IR-Control. Mit letzterem kann der Bediener ohne Beeinträchtigung durch störende Kabelverbindungen von jeder beliebigen Stelle der Anlage aus die Züge vor Ort steuern.

Der Weichen und Signale werden mit einem zweiten System gesteuert. Es besteht aus einem MÄRKLIN-Transformer, der MÄRKLIN-Central-Unit, einem Interface für den Computeranschluß und den MÄRKLIN-Decodern K 83 und K 84. Eine manuelle Magnetartikelsteuerung über ein konventionelles Gleisbildstellwerk war nicht vorgesehen. Die Weichen und Signale werden mit der Maus auf dem Bildschirm ausgewählt und gestellt. Ebenso sind die aktuellen Weichen- und Signalstellungen auf dem Bildschirm dargestellt.
Die zum Steuern der Bremsvorgänge und zum punktgenauen Anhalten vor den Signalen erforderlichen potentialfreien Gleiskontakte enstanden durch jeweils zwei Einschnitte an einer Schiene des MÄRKLIN-K-Gleises. Die Fahrschienen wurden an den betreffenden Stellen mit der Korundtrennscheibe an den verlegten Gleiskörpern getrennt. Um ein Wandern der kurzen Schienenstücke mit den unterschobenen Kontaktlaschen zu verhindern, wurden sie mit UHU-plus-schnellfest am Schwellenband fixiert. Die so entstandenen Gleisschaltkontakte sind mit

einem speziellen Computerinterface verbunden. Da grundsätzlich jedes darüber rollende Rad den Schaltkontakt auslöst, können auch geschobene Züge eingesetzt und Rangierfahrten in jeder beliebigen Richtung problemlos durchgeführt werden.

Für alle eingesetzten Züge (insgesamt 16) wurde jeweils ein individuelles Ablaufprogramm entwickelt. Vorprogrammiert sind die vorgegebene Fahrstrecke, die Geschwindigkeit und die Bahnhofsaufenthalte. Jedes Zuglaufprogramm beginnt und endet an einer definierten Stelle, beispielsweise im Bahnhof oder Schattenbahnhof. Die Züge können einzeln oder in Gruppen gestartet werden. Im Falle von Funktionsstörungen können die Züge nach Beseitigung der Störungsursache ihre Fahrt fortsetzen oder aber manuell gesteuert in ihre Ausgangspositionen zurückgefahren werden. Durch die im Computersystem integrierte Blocksicherung wird auf den Strecken zwischen den Bahnhöfen eine dichte Zugfolge erreicht.

Abbildungen Seite 90 und Seite 91 oben: Details der Steuerzentrale.

Abbildung Mitte: Nahaufnahme des in der Lokomotive eingebauten Dekoders der digitalen Steuerung.

Instandhaltung

Die hier beschriebene Großanlage ist für den Ausstellungsbetrieb konzipiert. Die Betriebssicherheit nimmt dabei den ersten Rang ein, denn während der täglichen Vorführungen darf es keine Pannen geben. Zwar sind solche wie bei jeder anderen Technik nicht gänzlich auszuschließen, doch kann man sowohl durch konstruktive als auch durch vorbeugende Maßnahmen das Risiko möglicher Störungen auf ein Mindestmaß reduzieren.
Die häufigste Störungsursache beim Modelleisenbahnbetrieb überhaupt ist mangelnder elektrischer Schienenkontakt, der insbesondere beim Ausstellungsbetrieb häufig auftritt. Schuld daran ist der im Vergleich mit Heimanlagen erheblich höhere Staubanfall, der durch den ständigen Publikumsverkehr bedingt ist. Dem kann man nur wirksam begegnen, indem die Schienen ein- oder mehrmals täglich gereinigt werden. Der möglichst ungehinderte Zugang zum gesamten Streckennetz ist eine wesentliche Voraussetzung dafür, daß die Reinigungsarbeiten gründlich und unter noch vertretbarem Zeitaufwand durchgeführt werden können. Dieser Forderung entsprechend wurde schon bei der Planung die Anlage auf eine Tiefe von 1500 mm beschränkt. Lediglich die beiden Außenelemente sind wegen der Gleisbogen 200 mm tiefer konzipiert. Somit sind alle Gleisanlagen im sichtbaren Anlagenbereich von den Anlagenrändern her gut zugänglich. Die Strecken in den nicht sichtbaren Bereichen wurden so geführt, daß sie durch Öffnungen in der Rückwand leicht erreichbar sind. Dies gilt auch für die unterirdischen Speicherbahnhöfe, die praktisch mit dem hinteren Anlagenrahmen abschließen und von dort aus bequem gewartet werden können. Da die Anlage in einem Abstand von etwa 40 cm von der Wand aufgestellt wurde, verblieb für die normalen Wartungs- und Reinigungsarbeiten ein ausreichend breiter Durchgang.

Die tägliche Reinigung der Gleise erfolgt durch einfaches Überwischen der Schienen mit einem nichtfasernden Leinenlappen, der mit einer Reinigungsflüssigkeit (z. B. Schienenreinigungsfluid von SEUTHE) getränkt ist. Mit einem zweiten, sauberen Lappen wird anschließend nachgewischt, wobei die zuvor angelösten fettigen Beläge aus Staub und Öl von den kontaktgebenden Laufflächen der Schienenköpfe entfernt werden. Das Mittelleiterkontaktband des MÄRKLIN-K-Gleises reinigt sich durch die darüber gleitenden Schleifkontakte von selbst und bedarf in der Regel keiner besonderen Pflege.
Zur Sauberhaltung der Gleise tagsüber während des Ausstellungsbetriebes sind zwei Reinigungszüge eingesetzt, die aus einer zugkräftigen Lokomotive, einem Schienenschleifwagen und einem Staubsaugerwagen bestehen. Den Kontakt behindernde Schweißperlen, wie sie gelegentlich durch Abrißfunken entstehen, werden durch den Schleifwagen abgetragen, während der nachfolgende Staubsaugerwagen dafür sorgt, daß sich die gerade beim Ausstellungsbetrieb so gefürchteten Staubablagerungen auf den Schienenköpfen in Grenzen halten. Die Reinigungswagen (Hersteller: Lux-Modellbau) sind im Fachhandel erhältlich.
Wie beim großen Vorbild sind die Steigungen nirgendwo größer als zwei Prozent angelegt. Dies schont nicht nur die im Dauereinsatz laufenden Motoren der Triebfahrzeuge, sondern in Verbindung mit den sorgfältig ausgebildeten Schienenstößen auch die Haftreifen an den Antriebsrädern. Da abgenutzte Haftreifen, die sich von den Rädern lösen, oft die Ursache für lästige Fahrbetriebsstörungen sind, ist äußerste

Präzision sowohl beim Einmessen der Trassen als auch beim Verlegen der Gleise ein wichtiger Punkt, um solchen Störungen vorzubeugen.
Bei einer Schauanlage dieser Größe kommt es darauf an – dies gilt besonders für den digitalen Fahrbetrieb –, daß an jeder Stelle des weit verzweigten Streckennetzes die volle Fahrspannung zur Verfügung steht. Um die Leitungsverluste möglichst gering zu halten, wurden für die Übertragung des Fahrstroms ausschließlich flexible reine Kupferlitzen mit einem Querschnitt von 0,75 mm^2 verwendet. Der Fahrstrom wird an den Mittelleitern und Schienen in Abständen von höchstens 1,20 m eingespeist.

Für einen störungsfreien Betrieb ist es zwingend erforderlich, auch die Laufflächen der Antriebsräder an den Lokomotiven täglich mindestens einmal zu reinigen. Dazu verwendet man am besten einen Glasfaser-Tusche-Radierer, wie er in jedem gut sortierten Geschäft für Zeichenbedarf erhältlich ist. Zum Reinigen legt man die Lokomotive mit dem Fahrwerk nach oben auf eine Schaumstoffunterlage. Während eine zweite Person behilflich ist, die Lokomotive über Kabelverbindungen in Gang zu halten, werden die Laufflächen an den sich drehenden Rädern mit dem Glasfaserstift, der mit Schienenreinigungsfluid getränkt ist, gesäubert. Schließlich werden die eingesetzten Triebfahrzeuge einmal wöchentlich im Ultraschallverfahren gereinigt. Bei dieser »großen Inspektion« werden auch alle Verschleißteile wie Haftreifen und Kohlebürsten überprüft und, falls erforderlich, ausgetauscht. Alle diese Wartungsarbeiten, zu denen auch das Ölen der Achslager und Kollektoren gehört, erfolgen selbstverständlich vorbeugend und nicht erst dann, wenn Störungen aufgetreten sind. Diese beeinträchtigen dann, durch den Fahrzeugwechsel bedingt, häufig die Betriebsabläufe auf der gesamten Anlage. Die wöchentlich durchzuführenden Instandhaltungsarbeiten, zu denen letztlich auch die Reinigung der Anlage mit dem Staubsauger zählt, beanspruchen einen Arbeitstag, der nicht für Vorführungen genutzt werden kann und an dem das Modellbahnzentrum für das Publikum geschlossen bleibt.

Abbildung Seite 92:
Grobreinigen der Schienen mit Wasserschleifpapier der Körnung 360 und Schleifklotz.

Abbildung oben:
Der Reinigungszug, bestehend aus Schleifwagen und Staubsaugerwagen, gezogen von einer kräftigen, möglichst schweren Lokomotive.

Herstellerverzeichnis

Nachstehend sind die Firmen aufgeführt, deren Erzeugnisse beim Bau der Anlage verwendet wurden oder im Fahrbetrieb eingesetzt sind.

Gebr. MÄRKLIN & Cie
Holzheimer Straße 8
D-73037 Göppingen
MÄRKLIN-K-Gleissystem, Drehscheibe, gesamtes rollendes Material, MÄRKLIN-Digital-System.

Dipl. Ing. SCHAPALS
Franz Wunner Straße 24
D-87719 Mindelheim
Computersteuerung, Software-Entwicklung

MODELLPLAN
Tannenstraße 80
D-73037 Göppingen
Computer-Gleisplan 1:10

LUX-MODELLBAU
Neuer Graben 9
D-49324 Melle
Schienenreinigungszug

HEKI-KITTLER GmbH
Am Bahndamm 10
D-76437 Rastatt
Sämtliche Materialien für die Landschaftsgestaltung, Gleisbettungen, Signal-Schaltrelais, HEKI-dur-Modellbauplatten, Messinggeländer.

PREISER KLEINKUNST
D-91628 Steinsfeld
Sämtliche Figuren

Gebr. FALLER GmbH
Postfach 65
D-78148 Gütenbach
FALLER-Car-System, Gebäude-Bausatzmodelle, Kirmes-Fahrgeschäfte, Patina-Set, Gießharz

KIBRI Kindler & Briel GmbH
Otto Lilienthal Straße 40
D-71034 Böblingen
Gebäude-Bausätze

VOLLMER GmbH
Porschestraße 25
D-70435 Stuttgart
Lokschuppen

POLA GmbH
Am Bahndamm 59
D-97633 Rothausen
Gebäude-Bausätze

VISSMANN MODELLBAU
Am Bahnhof 1
D-35116 Hatzfeld
Modellbahnleuchten

SCHLOSSEREI KRÄMER
Hauptstraße 111
D-68799 Reilingen
Stahlrohrfüße mit Niveauausgleich und Lenkrollen

UHU-Vertrieb GmbH
Hermannstraße 7
D-77815 Bühl/Baden
Hersteller der verwendeten Klebstoffe wie UHU-Greenit, UHU-Coll, UHU-por, UHU-Allplast, UHU-Schmelzkleber und UHU-plus.

Bernhard Stein

- geboren 1931 in Mannheim
- erlernte das Malerhandwerk, Meisterprüfung, spezialisierte sich als Kirchenmaler und Restaurator, war Lehrer an der Meisterschule in Mannheim
- machte sein Hobby zum Beruf, wurde Berufsflugzeugführer und Motorfluglehrer, einige tausend Flugstunden als Bannerschlepper
- erfolgreicher Sachbuchautor auf den Gebieten Reisen, Gastronomie, Luftfahrt, Bauwesen, Modelleisenbahn. Besonderes Merkmal: alle unter seinem Namen veröffentlichten Bildbände sind ausschließlich mit eigenem Bildmaterial illustriert.
- begann 1979 mit dem Bau von Modelleisenbahnanlagen für die Industrie, war hier Wegbereiter einer neuen, künstlerischen Stilrichtung, mit seinen Arbeiten erreichte er weltweit einen hohen Bekanntheitsgrad
- gilt inzwischen als einer der weltbesten Modelleisenbahnanlagenbauer und hält mit rund 250 Anlagen und Dioramen den Weltrekord
- ist zur Zeit der meistgelesene Autor auf dem Gebiet der Modelleisenbahntechnik
- ist als Berater der Industrie an zahlreichen Erfindungen und Produktentwicklungen maßgeblich beteiligt.

FRIEDRICHSHOHE